पुलिस और मानव अधिकार

बी. एल. वोहरा
आई. पी. एस. (रिटायर्ड)
पूर्व पुलिस महानिदेशक

के. के. पब्लिकेशन्स
नई दिल्ली – 110002

पुलिस और मानव अधिकार

बी. एल. वोहरा

प्रथम संस्करण : 2021

ISBN : 978-81-7844-045-3

मूल्य : 495.00

प्रकाशक : **के.के. पब्लिकेशन्स**
4806/24, भरतराम रोड,
दरियागंज, नई दिल्ली-110002
फोन : 011-23285167 / 47340207

आवरण : दीपव्यू, दिल्ली

लेज़र टाईपसैटिंग : गौरव कम्प्यूटर्स, दिल्ली

मुद्रक : बालाजी आफसेट प्रिंटर्स, दिल्ली

Police Aur Manav Adhikar
by B.L. Vohra **Rs. 495.00**

उन महान् पुलिस कर्मियों को समर्पित
जिन्होंने सर्वोच्च बलिदान देकर मानव अधिकारों की रक्षा की

प्राक्कथन (Preface)

मेरे द्वारा लिखी "मानव अधिकार और पुलिस बल" नामक पुस्तक का विमोचन राष्ट्रीय मानव अधिकार आयोग के तत्कालीन अध्यक्ष श्री रंगनाथ मिश्र द्वारा 7 मार्च 1995 को किया गया जिस को उन्होंने समय की मांग बताया।

उन दिनों यह विषय धीरे-धीरे महत्त्व पकड़ता जा रहा था खासकर पंजाब व जम्मू-काश्मीर में आतंकवाद के संदर्भ में जहां लोगों के मानव अधिकारों का पुलिस बलों के द्वारा हनन् एक बड़ी चर्चा का विषय बन गया था। श्री मिश्र जी ने इस पुस्तक की सराहना करते हुए यह कहा था कि इस पुस्तक के लिए लेखक ने काफी अन्वेषण किया है और खास बात यह है कि पुस्तक हिन्दी में है और यह पुलिस बलों के लिए लाभकारी सिद्ध होगी।

10 मई 1995 को मैंने यह पुस्तक तत्कालीन राष्ट्रपति महामहिम श्री शंकर दयाल शर्मा जी को राष्ट्रपति भवन में भेंट की थी और उन्होंने भी इस प्रयास को सराहा था।

1997 को भारत सरकार ने इस पुस्तक को गोविन्द वल्लभ पंत पुरस्कार से सम्मानित किया। यह पुस्तक पुलिस बलों और आम जनता में बहुचर्चित और लाभकारी रही।

गत 12 वर्षों में यह विषय और भी महत्त्वपूर्ण हो गया है। दुनिया भर में कई बड़ी घटनायें ऐसी हुई जिसमें मानव अधिकारों की बड़े पैमाने पर अवहेलना हुई, जिसके लिए आतंकवादी और सुरक्षा बल दोनों ही ज़िम्मेदार हैं। न्यूयार्क में वर्ल्ड ट्रेड सैंटर पर हमला, लन्दन मेट्रो, स्पेन में ट्रेन, अफगानिस्तान, मलेशिया और कई देशों में हमले इसका प्रमाण हैं। भारत भी इसकी चपेट में खूब आया। संसद पर और कई धार्मिक

ठिकानों पर हमले हुए और पुलिस बलों की तरफ से भी काफी ज़्यादतियां हुईं जैसे उत्तर प्रदेश में, दिल्ली के साथ लगते इलाके, नोयडा के निठारी गांव के कई बच्चों की हत्याएँ हुई और पुलिस ने एक भी केस दर्ज नहीं किया।

सरकार, जनता और खासकर के मीडिया ने इस विषय में महत्त्वपूर्ण योगदान दिया। लगभग देश के सभी राज्यों में मानव अधिकार आयोग स्थापित किए गये हैं। राष्ट्रीय मानव अधिकार आयोग ने बहुत काम किया है और इसकी प्रतिष्ठा बढ़ी है। कई गैर सरकारी संस्थायें इस विषय पर काम कर रही है।

गत एक दशक में भारत में पुलिस बलो ने भी इस मामले में काफी काम किया है। पुलिस बलों के प्रशिक्षण में "मानव अधिकारों की रक्षा" अब एक महत्त्वपूर्ण विषय है। दोषी अफसरों और जवानों को सज़ा भी दी गई है और यह अभियान जारी है।

अंग्रेज़ी में तो इस विषय पर कई पुस्तकें छपी है परन्तु हिन्दी में, ऐसी पुस्तकों की कमी है। 12 साल बाद फिर मुझे मेरे मित्र डा. दर्शन लाल सचदेवा ने प्रेरित किया कि मैं फिर इस विषय पर एक नयी पुस्तक लिखूं जिसका नतीजा आपके सामने है। मैं आशा करता हूं कि यह पुस्तक पुलिस बलों के लिए लाभकारी सिद्ध होगी।

इस पुस्तक में जो अभिव्यक्ति की गई है वह मेरी अपनी है। इसमें जो त्रुटियां रह गई हों उनके लिए मैं क्षमा का पात्र हूँ। मेरे 37 वर्षों के अनुभव और जो कुछ इस विषय पर मैंने देखा है उसकी झलक आप को इस पुस्तक में मिलेगी। मेरा यह विश्वास है कि मानव अधिकारों की अवहेलना किये बग़ैर भी पुलिस बल अपना काम सुचारू रूप से कर सकते हैं।

अंत में मैं प्रकाशक श्री कमल कुमार का बहुत आभारी हूं जिन्होंने परिश्रम करके यह पुस्तक अच्छे रूप से प्रकाशित की।

मुझे आपके सुझावों का इन्तज़ार रहेगा।

– बी. एल. वोहरा

अनुक्रम

1

आलोक

आज मानव अधिकार दुनिया का एक बहुत महत्वपूर्ण विषय बन गया है। जहां एक तरफ आतंकवादियों और अपराधियों ने मानव अधिकारों की धज्जियां उड़ा दी हैं वहीं दूसरी तरफ दुनिया की कई सरकारें भी मानव अधिकारों की अवहेलना करने में नहीं चूक रही हैं।

आतंकवादियों को देखें तो वे दुनिया में बड़े बड़े भयानक अपराध कर रहे हैं। हाल ही में उन्होंने कुछ प्रमुख हमले दुनिया के कई शहरों में किये है जैसे न्यूयार्क (अमरीका) में वर्ल्ड ट्रेड सैंटर पर, स्पेन में ट्रेन, लंदन में मैट्रो, बाली (इंडोनेशिया) में टूरिस्ट स्थल, नई दिल्ली में संसद भवन तथा सरोजिनी नगर, कश्मीर में विधान सभा पर और हाल ही में समझौता एक्सप्रेस रेलगाड़ी में हुए 'बम विस्फोट इत्यादि' ऐसे हमले रुकने का नाम नहीं ले रहे और कुछ उग्रवादी सगंठन धमकियों पर धमकियां दिये जा रहे हैं कि ऐसे हमले नहीं रुकेंगे।

और सरकारों को देखें तो पहले इराक के शासक सद्दाम हुसैन पर आरोप था कि वे अपनी आबादी के बड़े हिस्से का दमन कर रहे हैं। और फिर अमरीका और इगंलैंड पर कि उन्होंने इराक और अफगानिस्तान पर हमले करके मानवीय अधिकारों की अवहेलना की और कई निर्दोष लोगों की जान ली। इसी तरह के आरोप चीन, उत्तरी कोरिया, पाकिस्तान आदि की सरकारों पर भी लगते आये हैं।

हर कोई अपनी कार्रवाई को ठीक बता रहा है। इसी बीच मानव अधिकारों की देख-रेख करने के लिए दुनिया में कई सरकारी और गैर-सरकारी संस्थायें भी हैं। यह सब अपने-अपने हष्टिकोण से मानव अधिकारों की अवहेलना करने वालों की आलोचना कर रही हैं। वहीं कई दूसरे लोग इन सस्थाओं को शक की निगाह से देखते हैं। दुनिया की कुछ प्रमुख सस्थायें हैं एमनेस्टी इन्टरनेशनल, हयूमन राईट्स वाच इत्यादि। फिर संयुक्त राष्ट्र संघ भी है जो दुनिया में मानव अधिकारों की रक्षा के लिए कार्य करता रहता है।

लेकिन असली बात यह है कि चाहे जो कोई भी मानव अधिकारों की अवहेलना करे, इसमें कोई शक नहीं कि हजारों निर्दोष लोगों की जानें इस अवहेलना के कारण जा रही हैं। और उसके अलावा और भी कई प्रकार से लोगों को पीड़ा पहुंचती है और उनका हक छीना जाता है।

हमारे देश में भी ऐसी संस्थाएं हैं जो मानवाधिकारों के उल्लंघन का विरोध करती हैं और उचित कार्यवाही की मांग करती हैं। भारत सरकार ने और अन्य देशों की राज्य सरकारों ने भी इस मामले को गंभीरता से लिया है। हमारे राज्यों में इस मामले में सबसे पहले मध्य प्रदेश सरकार ने जनवरी, 1992 में मानवाधिकार आयोग का गठन किया। फिर, सितम्बर, 1993 में भारत सरकार ने भी एक राष्ट्रीय मानव अधिकार आयोग का गठन किया जिसके अध्यक्ष भारत के उच्चतम न्यायालय के भूतपूर्व मुख्य न्यायाधीश होते हैं। अब तक भारत के 16 राज्यों में मानव अधिकार आयोग बन चुके हैं।

आइए सबसे पहले यह देखें कि ये मानवाधिकार हैं क्या। थोड़े शब्दों में यह कहा जा सकता है कि जब एक स्त्री या पुरुष इस संसार में जन्म लेता है तो उसका यह हक है कि वह अपना सांसारिक जीवन संतोषजनक ढंग से, सुरक्षा से और आनन्दपूर्वक बिताए। समाज और सरकार उसे सभी प्रकार की बुनियादी सुविधायें प्रदान करे और उसके लिए उपयुक्त वातावरण का निर्माण करे जिससे इन्सान अपना जीवन पूरी आजादी से, बिना किसी रोक-टोक के और सुरक्षित ढंग से जी सके।

संक्षेप में कुछ अधिकार निम्नलिखित हैं–

1. मनुष्य का जीवन सुरक्षित रहे।
2. वह अपनी मनपसन्द जीवन–प्रणाली से जिए।
3. अपने गौरव को बनाये हुए और आत्म–सम्मान के साथ स्वतंत्रता से जीवित रहे।
4. उसे कोई किसी तरह की मानसिक या शारीरिक पीड़ा न दे और उसके साथ निर्दय, अमानुषिक और अपमानजनक व्यवहार न हो।
5. उसके हकों पर कोई हमला न करे।
6. जिसके साथ चाहे रहे।
7. अपने दोस्तों, रिश्तेदारों, बच्चों, महिलाओं और बुजुर्गों की रक्षा और देखभाल करने का उसे पूरा हक हो।
8. वह जो पेशा अपनाना चाहे अपनाए और जीवन निर्वाह के लिए जो और जैसे साधन जुटाना चाहे जुटाए।
9. अपने देश की सीमाओं के अन्दर जहां चाहे घूमे–फिरे और जहां चाहे बसे।
10. जो बोलना चाहे, बोले।
11. उसे किसी प्रकार का भय न हो।
12. उसे किसी चीज का अभाव न हो।
13. उसके साथ धर्म, भाषा, जाति, वर्ण, रंग और लिंग इत्यादि के आधार पर कोई भेदभाव न हो।
14. वह अपना या अपने परिवार वालों का, रोगी होने पर, उपचार करवा सके।
15. वह सम्पत्ति प्राप्त कर सके और उसकी रक्षा करने में सक्षम हो सके।

16. अपने धर्म का और रीति–रिवाजों का पूरी आजादी से पालन करने में सक्षम हो सके।

17. अगर वह बच्चा, रोगी, स्त्री, अपंग, पिछड़े वर्ग, कमजोर वर्ग या अल्पसंख्यक वर्ग इत्यादि का है तो भी उसके साथ उचित और मानवीय व्यवहार किया जाए।

18. देश के संविधान और कानून द्वारा जो अधिकार उसे दिए गए हैं, उनका पालन हो।

ऊपर कुछ उदाहरण दिए गए हैं, जिनसे मानव अधिकारों का अर्थ स्पष्ट हो जाना चाहिए। जरूरी यह है कि इन्सान को हर तरह की बुनियादी आज़ादी होनी चाहिए और इस आज़ादी की रक्षा होनी चाहिए। सब सरकारों का और इन्सानों का यह कर्त्तव्य है कि इन मानवाधिकारों की रक्षा करें क्योंकि सम्पूर्ण मानव परिवार के सभी सदस्यों के जन्मजात गौरव और सम्मान तथा उनके अविच्छिन्न अधिकार की स्वीकृति और पालन ही विश्व शान्ति, न्याय और स्वतंत्रता की बुनियाद है।

इन अधिकारों का यह मतलब नहीं है कि मानव पर कोई भी अंकुश नहीं होगा। आखिरकार इन्सान समाज में रहता है और उसे समाज की मर्यादा और कानून के अन्दर ही इन मानवाधिकारों को भोगना होगा।

यह सही है कि इन्सान जबसे पैदा हुआ है, उसके साथ ही उसके अधिकार भी उससे जुड़ गए हैं। यह भी सही है कि जब से समाज बना है तब से इन मानवाधिकारों का उल्लंघन भी होता आ रहा है। करीब–करीब सब देशों में और सब युगों में सरकारें और अपराधी दोनों ही इस दुनिया में मानवाधिकारों का उल्लंघन करते आए हैं।

हमारा देश एक बहुत बड़ा सभ्य देश माना जाता है और हमारी संस्कृति में हमेशा से मानवाधिकारों को काफी महत्त्व दिया गया है। इनकी रक्षा करना हमारे रहन सहन का एक मूल अंग है। अगर हम भारतीय संस्कृति के बाहर देखें तो मूल अधिकारों के रूप में मानवाधिकारों की स्थापना का प्रथम दस्तावेज इंग्लैंड का सन् 1215 का 'मैग्नाकार्टा'

माना जाता है। उसके अनुच्छेद 39 में यह व्यवस्था की गई कि- "किसी भी व्यक्ति को विधिपूर्ण न्याय निर्णयन अथवा देश की विधि से अन्यथा रुप से न तो बन्दी बनाया जायेगा और न ही बेदखल, निर्वासित, विधि बाध्य अथवा विनिष्ट ही किया जायेगा।" इसके बाद सन् 1689 में "बिलआफ राईटस" नामक दस्तावेज़ की संरचना की गई।

फिर सन् 1776 में अमेरिकी स्वंतत्रता के घोषणा–पत्र में यह कहा गया कि "हमारे लिए यह स्वयंसिद्ध सत्य है कि सभी मनुष्य जन्म से एक समान और बराबर हैं।" सन् 1789 में फ्रांस में व्यक्ति के अधिकारों के लिए फ्रांसीसी घोषणा हुई जिसने "स्वतंत्रता, समानता और भाईचारे" का नारा लगाया। हालांकि इन दोनों दस्तावेजों ने बाकी के आर्थिक और सामाजिक हकों के बारे में कोई बात नहीं की, फिर भी ये घोषणाएं दुनिया के इतिहास में बहुत महत्तव रखती हैं। इन दस्तावेजों में राजाओं और दूसरे सामंतों के खिलाफ आवाज़ थी जो समाज से हर तरह का नाजायज़ फायदा उठा रहे थे। आम लोग तब भी यह चाहते थे कि हर एक को पैसा कमाने का और सम्पत्ति प्राप्त करने और रखने का बराबर का हक हो।

20वीं सदी में संसार में बड़ी उथल–पुथल हुई। सन् 1914 से सन् 1918 तक प्रथम विश्व युद्ध हुआ। फिर तीस के दशक में घोर आर्थिक मंदी (ग्रेट डिप्रेशन) का दौर चला जिससे बड़ी ज़ोरों से भुखमरी और बेरोज़गारी बढ़ी। फिर जर्मनी में फासीवाद ने जन्म लिया फिर चालीस के दशक् में दूसरा विश्व युद्ध हुआ, और अन्त में जापान के दो शहरों नागासाकी और हिरोशिमा पर अमरीका द्वारा एटम बम फेंका गया जिसमें हजारों लोग मरे और अपाहिज हुए और तब कहीं युद्ध समाप्त हुआ। इसके बाद दुनिया में एक नई मुसीबत पैदा हुई। अमरीका और रुस तथा उनके गुटों के देशों के बीच एक तनाव और झगड़ा शुरू हुआ जिसे "शीत युद्ध" का नाम दिया गया जो 90 के दशक तक चला। इसी दौरान उन लोगों का शोषण हुआ जो आर्थिक और भौतिक रुप से पिछड़े हुए थे।

इस तरह से इन्सान ने इस सदी में कई तरीकों से काफी चोट खाई। फिर भी दूसरे विश्व युद्ध के बाद इन्सान को थोड़ा बहुत यह समझ में आया कि दुनिया में देशों और इन्सान के हितों की रक्षा होनी चाहिए। इसके फलस्वरूप एक अंतर्राष्ट्रीय संस्था "लीग ऑफ नेशन्स" 1945 में बनी। जब यह ठीक तरह से नहीं चली तो एक नई संस्था "संयुक्त राष्ट्र संघ" बनाई गई। इस नई संस्था ने कहा कि हर मानव के कुछ अधिकार हैं और उनकी रक्षा सब देशों को करनी चाहिए और इसके बारे में कई दस्तावेज निकाले।

संयुक्त राष्ट्र संघ के इन सारे दस्तावेजों को उसके सदस्य देशों ने माना और अपने–अपने देशों में नये कानून बनाए या पहले के कानूनों में तब्दीलियां लाने की कोशिश की, ताकि हर प्रकार के मानवाधिकारों की रक्षा हो सके। ऐसा करते हुए उन्होंने अपने–अपने देश की संस्कृति और विशेष जरूरतों को भी ध्यान में रखा जो स्वाभाविक है। भारत भी उन देशों में से एक है जिसने एक नहीं बल्कि कई कानून बनाए और पिछले कानूनों में तब्दीलियां कीं ताकि मानवाधिकारों की रक्षा को हमारे देश के जीवन में उचित स्थान मिल सके। यह कहना कोई गलत नहीं होगा कि हमारे देश ने इन अधिकारों को जो रंग और रूप कानून में दिया है उससे अच्छा शायद ही कोई और उदाहरण दुनिया में मिले। हमारे संविधान में दिए गए मूल अधिकारों में से कुछ अधिकार निम्नलिखित हैं–

1. भाषण एवं अभिव्यक्ति की स्वंतत्रता
2. सभा एवं समिति बनाने की स्वतंत्रता
3. व्यवसाय की स्वंतत्रता
4. आवागमन की स्वतंत्रता
5. जीवन एवं स्वतंत्रता का अधिकार
6. विधि के समक्ष समानता का अधिकार

7. समान अवसर का अधिकार
8. अपने जन्मजात या मनपसंद धर्म का पालन और उसके खुले प्रदर्शन का अधिकार
9. अल्पसंख्यकों को शैक्षिक संस्थानों के प्रबंध का अधिकार

यह ज़ाहिर है कि हमारे संविधान निर्माता अमेरिका और फ्रांसीसी क्रान्तियों के आदर्शों से प्रभावित थे। इसीलिए उन्होंने कुछ स्वतंत्रताओं और अधिकारों को बुनियादी रूप से मान्यता दी और उन्हें मौलिक अधिकारों के रूप में हमें प्रदान किया। ये अधिकार वाद योग्य हैं और उच्चतम न्यायालय को विशेष रूप से इन अधिकारों के संरक्षण का कार्य सौंपा गया है। इसके अलावा सन् 1919 की रुस की क्रान्ति और समाजवादी विचारों से प्रेरित कुछ अन्य अधिकार भी हमारे संविधान के निर्माताओं ने संविधान में दिए जो बहुत महत्वपूर्ण हैं। उदाहरणतया रोज़ी कमाने का अधिकार, जीवन निर्वाह के पर्याप्त साधनों का अधिकार, न्यूनतम मजदूरी का अधिकार, समान कार्य के लिए समान वेतन का अधिकार, बेरोजगारी की स्थिति में सार्वजनिक सहायता का अधिकार, बीमारी और बुढ़ापे में उपचार और देखभाल का अधिकार, शिक्षा का अधिकार, न्याय प्राप्त करने के समान अवसर और विधि सहायता का अधिकार इत्यादी। इन्हें हमारे संविधान में राज्य की नीति के निदेशक तत्त्व के रूप में घोषित किया गया है। ये तत्त्व वाद योग्य नहीं हैं किन्तु संविधान ने स्वंय इन्हें देश के शासन में मौलिक सिद्धांतो के रूप में घोषित किया है जिन्हें नये नियम या कानून बनाते समय राज्य को ध्यान में रखना आवश्यक है।

भारत के संविधान और कानूनों की चर्चा हम आगे विस्तार से करेंगे।

2

अपराधी/आतंकवादी और मानव अधिकार

जब से मनुष्य जन्मा है तब से अपराध ने भी जन्म लिया है। सदियों से सारे विश्व में अपराध होते आये हैं और अब तो कई अपराध ऐसे भयानक हो रहे हैं जिन्हे आतंकवाद का नाम दिया गया है। ऐसे अपराधियों ने कभी भी दूसरों के मानव अधिकारो की परवाह नहीं की है। अगर सिर्फ पिछली सदी की बात करें तो हम सब जानते हैं कि 40वें दशक में जर्मनी के तानाशाह हिटलर ने लाखों यहूदियों को मौत के घाट उतारकर अपराध और आतंकवाद का एक नया ऊंचा निशान कायम कर दिया और मानव अधिकारों की धज्जिया उड़ा दी। फिर पिछली सदी के आखिरी दो दशकों में और 21वीं सदी के उदय के साथ ही अपराध और आंतकवाद अपनी चरम सीमा पर पहुंच गया है। दुनिया के कई देशों में लगातार हमले हो रहे हैं जिनमें हज़ारों निर्दोष लोगों की जान लगातार जा रही है। अमरीका, इग्लैंड, अफ्रीका के कुछ देश, इराक, अफगानिस्तान, इंडोनेशिया, भारत, नेपाल और न जाने कितने और देशों में लोग इन अपराधियों के शिकार बन चुके हैं और बन रहे हैं। अलकायदा, पाकिस्तान से आंतक चलाने वाले कई संगठन और ऐसे ही कई संगठन दुनिया के कई देशों में अपने अपने कारणों से अपराध और आतंकवाद को बढ़ावा देते हुए कई जघन्य अपराध करते हैं और मानव अधिकारों का उपहास कर रहे हैं। अमरीका के न्यूयार्क शहर में वर्ल्ड ट्रेड सैंटर

पर सितम्बर 2001 को अलकायदा ने हमला कर के हज़ारों निर्दोष लोगों की जान लेकर एक और ऊंचा निशान कायम कर दिया। और दुःख की बात तो यह है कि कई देश ऐसी गतिविधियों का समर्थन मानव अधिकारों की रक्षा के नाम पर और धार्मिक, जातीय इत्यादि आधारों पर करते हैं। जैसे हमारे देश में जो हिंसा पाकिस्तान स्थित आतंकवादी काश्मीर में करा रहे हैं उन्हें पाकिस्तान काश्मीर निवासियों की आज़ादी की मुहिम बता रहा है और खुले आम आतंकवादियों को प्रशिक्षण और मदद दे रहा है। फिर कई ऐसी अन्तर्राष्ट्रीय संस्थाएं भी हैं, जैसे एमनेस्टी इंटरनेशनल, हयूमन राईट्स वाच इत्यादि जो भारत जैसे देशो की आलोचना यह कह कर करती हैं कि भारत में मानव अधिकारों की अवहेलना हो रही है। जबकि असल बात यह है कि भारत की फौज, पुलिस इत्यादि देश की अखंडता और प्रभुता को कायम रखने के लिए आतंकवादियों के खिलाफ कड़ी कारवाई करती है जो बेशर्मी से मानव अधिकारों का उल्लघंन करते हैं और तरह तरह के अपराध करते हैं।

सही बात तो यह है कि जो भी मानवाधिकारों की अवहेलना करे उसकी आलोचना होनी चाहिए चाहे वह सरकार हो या अपराधी या फिर दूसरे देशो की सरकारें हों।

भारत में अपराधियों और आंतकवादियों पर चर्चा

भारत एक बहुत बड़ा देश है जिसका क्षेत्रफल 31 लाख 66 हजार वर्ग किलोमीटर है और इसकी आबादी 2001 की जनगणना के हिसाब से करीब 100 करोड़ से ऊपर और आज लगभग 108 करोड़ के नजदीक पहुंच गई है। इसमें 28 राज्य और 7 केन्द्रशासित प्रदेश हैं। राज्यों का क्षेत्रफल और जनसंख्या एक दूसरे से काफी भिन्न है। देश में कई धार्मिक समुदाय रहते हैं और यहां पर कई भाषाओं को संविधान में मान्यता दी गई है। करीब–करीब 1656 तरह की बोलियाँ हमारे देश में बोली जाती हैं। यहां कई तरह की जातियाँ और उपजातियां तथा उप–जनजातियाँ हैं। इनके अंदर भी आर्थिक और सामाजिक स्तर पर

काफी असमानताएँ हैं। अलग अलग इलाके भी एक–दूसरे से कई मामलों में भिन्न हैं। इस तरह हमारा देश विविधताओं का देश हैं।

इतने बड़े देश में जहां तरह–तरह के लोग बसते हैं, कुछ मुद्दों पर अलग–अलग मांगों का होना स्वाभाविक है। भारत ने जो लोकतांत्रीक प्रणाली अपनाई है उसकी वजह से भी इन मागों का ज़ोर पकड़ना स्वाभाविक है। उदाहरणतया 1950 के दशक में कई राज्यों में ये मांगें उठीं कि राज्यों की सीमाएं भाषा के आधार पर फिर से खीची जाएं। ये मांगें दक्षिण भारत और पश्चिम में उठीं और इस वजह से उस समय बहुत से आंदोलन हुए जिनके फलस्वरूप कई नये राज्य बने।

ऐसी कुछ मांगें बाद में भी हुईं जैसे गोरखालैंड, बोडोलैण्ड, झारखंड, उत्तरांचल, छत्तीसगढ़ इत्यादि जिनके फलस्वरूप अभी हाल में झारखण्ड, उत्तरांचल और छत्तीसगढ़ के नये राज्यों की स्थापना हुई। आजकल तेलंगाना और विदर्भ की मांग जोरों पर है। पूर्वोत्तर राज्यों में कुछ संगठन अपने लिए अलग देश की मांग करते रहते हैं। यह भी सही है कि कई आंदोलनों को ठीक ढंग से निपटा लिया गया है लेकिन फिर भी कुछ ऐसे मसले अभी भी चल रहे हैं और ऐसा लगता है कि चलते ही रहेंगे। इतने बड़े देश में ऐसी मांगों का होना अस्वाभाविक नहीं है।

लेकिन एक प्रजातंत्र में अपनी मांग को पूरा करवाने के लिए आंदोलन करना अलग बात है और हिंसा का सहारा लेना अलग बात। कई जगहों पर क्रुद्ध लोगों ने अपनी मांगें मनवाने के लिए आतंकवाद का सहारा लिया है और कई भयानक अपराध किए हैं। ऐसे तत्वों द्वारा मानवाधिकारों का खुलेआम उल्लंघन हुआ है और हो रहा है। ज़्यादातर यह समस्या उन राज्यों में है जहां हमारे देश की सीमाएँ दूसरे देशों से मिलती हैं। कई बार तो ऐसे प्रमाण भी मिले है कि कुछ विदेशी ताकतों ने हमारे देश के अपराधियों और आतंकवादियों को हर प्रकार की सक्रिय मदद दी है और दे रहे हैं। इन ताकतों की भी ज़ोरदार आलोचना होनी चाहिए।

हर समाज में अपराधी तत्व भी होते हैं जो कई प्रकार के अपराध करते हैं। पिछले दशकों में आर्थिक और सामाजिक ढांचे को एक अच्छा रूप देने के लिए कानूनों की बढ़ोतरी भी हुई है लेकिन साथ ही अपराध भी बढ़े हैं। ज़हिर है कि ये अपराधी भी मानवाधिकारों का उल्लघंन करते हैं।

भारत में अपराध

सन् 2004 में भारत में 60,28,781 अपराध दर्ज हुए। इनमें से 18,32,015 भारतीय दंड संहिता के अन्तर्गत दर्ज हुए और बाकी के 41,96,766 विभिन्न स्थानीय एवम् विशेष कानूनों के अन्तर्गत दर्ज हुए।

यह आंकड़ें नेशनल क्राइम रिकोर्ड ब्यूरो ने अभी हाल में प्रकाशित किये हैं। देश की आबादी को अगर 101 करोड़ 76 लाख के करीब माना जाये तो हर 168 व्यक्तियों के बीच एक अपराध हुआ है जो काफ़ी चितांजनक है। अगर और बारीकी से देखे तो हर 8 सेकेंड में एक अपराध स्थानीय एवम् विशेष कानूनों के अन्तर्गत और हर 17 सेकैंड में एक अपराध भारतीय दंड संहिता के अन्तर्गत दर्ज किया गया। यानि कि पूरे साल में एक मिनट भी अपराधियों ने चैन की सांस नही लेने दी। नीचे अपराध की घड़ी देखें जो देश की हालत बयान करती है। तो क्या साफ ज़ाहिर नही होता कि अपराधी मानव अधिकारों की खूब अवहेलना करते हैं और इनमें कई आतंकवादी भी हैं। (सन् 2004 में पुलिस ने 7317, 839 अपराधी गिरफ्तार भी किये जो एक बड़ी उपलब्धि है फिर भी अपराध और आतंकवाद बढ़ते ही जा रहे हैं।)

इन आकड़ों में वे लाखों अपराध नहीं हैं जो लोग कई कारणों से दर्ज नहीं कराते जैसे महिलाओं के बलात्कार के अपराध जो कई लोग शर्म की वजह से दर्ज नहीं कराते और वो भी जो पुलिस वाले जान बूझ कर दर्ज नहीं करते। फिर भी यह संख्या काफी बड़ी है।

हमारे देश में हर साल अपराधों की संख्या में बढ़ोतरी हो रही है। कुछ तो इस वजह से कि देश की आबादी बढ़ रही है और कुछ इस

अपराध डायरी 2004

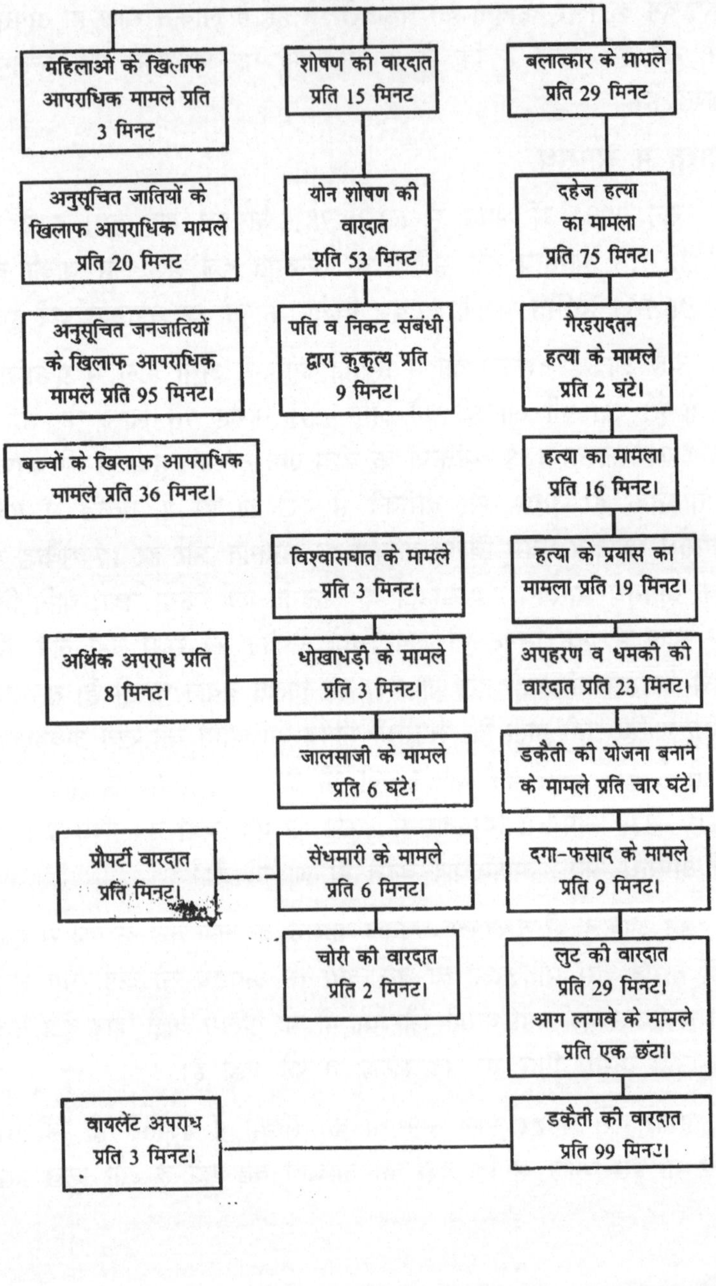

वजह से कि कई लोग अपराध को बढ़ावा दे रहे हैं जो तथाकथित सामाजिक और आर्थिक कारण भी बताये जाते हैं।

पिछले कई दशकों से अपराध में लगातार बढ़ोतरी हो रही है। भारतीय दंड सहिता के अन्तर्गत 1954 में 5, 56, 912 अपराध दर्ज हुए थे। यह सख्या 2004 में 18, 32, 015 पहुँच गई यानि कि 3.29 गुणा के करीब हो गई। और पिछले दस सालों में यह संख्या 1994 में 16, 35, 51 से बढ़कर 18, 32, 015 हो गई।

अब ज़रा शीर्ष अपराधों की बात करें। नीचे दी गई सारणी में 1995 में और 2004 में भारतीय दंड सहिता के अन्तर्गत कुछ महत्त्वपूर्ण अपराधों का विवरण दिया गया है जिससे पता चलता है कि पिछले एक दशक में ज्यादातर अपराधों में बढ़ोतरी हुई है।

क्र.स०	अपराध शीर्ष	1995	2004
1.	बलात्कार	13754	18233
2.	अपरहण एवम् हरण	20426	23327
3.	डकैती के लिए तैयार और इकठ्ठा होना	961	2340
4.	बेइमानी	30678	51939
5.	चोट पहुँचाना	203 812	2.76 868
6.	दहेज संमबंधित मौतें	4648	7026
7.	महिलाओं से छेड़छाड़	4689	10001

इन अपराधों में कई अपराध वामपंथी उग्रवादियों द्वारा और कई आतंकवादियों ने भी अलग राज्यों में किये हैं और कर रहें है। आइये अब उन पर एक नज़र डालें।

वामपंथी उग्रवादी हिंसा

60 के दशक में नक्सलवादियों ने पश्चिम बंगाल में खूब ऊधम मचाया! धीरे-धीरे इस प्रदेश में उनका प्रभाव कम हो गया लेकिन अन्य राज्यों में फैल गया खासकर छत्तीसगढ़, आन्ध्रप्रदेश, पश्चिम बंगाल, बिहार, झारखंड, उड़ीसा, जैसे राज्यों में। महाराष्ट्र, कनार्टक उत्तरप्रदेश में ये आज भी सक्रिय हैं। हमारे पड़ोसी देश नेपाल में आजकल माओवादी काफी सक्रिय हैं और उस देश की हालत काफी गंभीर है। इन वामपथिंयों ने कम्युनिस्ट नेताओं जैसे मार्क्स, लेनिन और माओत्से तुंग के विचारों से प्रेरणा ली है।

हालांकि दुनिया के कई देशों में साम्यवाद गिर गया है फिर भी चीन, कोरिया, उत्तरी जैसे बहुत थोड़े देशो में और हमारे देश के कुछ भागों में अभी भी इसका प्रभाव है। इसको मानने वाले कुछ लोग अपने आदर्शों की पूर्ति के लिए हिंसा का सहारा भी लेते हैं। ये लोग विद्यार्थियों, किसानों, जनजातियों, ट्रेड यूनियनों के माध्यम से अपना प्रचार करते हैं और खासकर पुलिस व प्रशासन के अधिकारियों और राजनीतिज्ञों का अपहरण करते हैं या उन्हें जान से मारते हैं। इसके अलावा, जो लोग सरकार को सूचना देते हैं या सरकार से फायदा उठाते हैं, उनका अपहरण और कत्ल भी ये कर देते हैं। लोगों की भलाई के लिए जो विकास परियोजनाएँ होती हैं, उनको रोकते हैं। सरकारी तथा निजी संपत्ति को नुकसान पहुँचाते हैं। ये सब कार्य, ये आतंकवाद के ज़रिए और आधुनिक हथियारों का इस्तेमाल करके करते हैं। ये अपने देश के और विदेशों के आतंकवादी संगठनों से भी मेलजोल रखते हैं जिस के कारण इनसे शांति की बातचीत हमेशा असफल रही है जैसे अभी हाल में आन्ध्र प्रदेश सरकार की कोशिश भी बेकार गई। इनके हाथों पिछले 4 वर्षो में, सन् 2002 से सन् 2005 तक, 2280 लोग मारे गए जिसका ब्यौरा नीचे दिया गया है:-

वामपंथी उग्रवाद से मौतें	**2002–2005**
आन्ध्र प्रदेश	630
बिहार	522
झारखंड	539
छत्तीसगढ़	338
उड़ीसा	51
महाराष्ट्र	102
कर्नाटक	12
उत्तरप्रदेश	47
प० बगांल	29
मध्य प्रदेश	8
अन्य	2
कुल	**2280**

पंजाब, जम्मू–कश्मीर व उत्तर पूर्वी राज्यों में आतंकवादी हिंसा

पंजाब व जम्मू–कश्मीर की अंतर्राष्ट्रीय सीमांए पाकिस्तान के साथ मिलती हैं। इन राज्यों में हाल ही में हुई हिंसा की कुछ सामान विशेषताएं हैं। इन दोनों राज्यों में आतंकवादियों द्वारा चलायी जा रही हिंसा का रूप भी एक ही है जिससे आतंकवादियों व विदेशी लोगों द्वारा अपनाई जाने वाली युद्धनीति की झलक मिलती है जो उन्हें सीमा पार से समर्थन दे रहे हैं।

उनकी इस युद्धनीति की कुछ प्रमुख विशेषताओं का उल्लेख नीचे किया जा रहा है:–

(क) आतंकवादी द्वारा किए गए प्रत्येक जघन्य कार्य को धर्म के नाम पर उचित माना गया है। धार्मिक मूलतत्ववाद और मध्ययुगीन सामाजिक परम्पराओं को बढ़ावा देने के क्रमबद्ध प्रयासों को

दिशा-निर्देशित किया गया है। धार्मिक स्थलों को स्पष्टतः शरण स्थलों के रूप में और आतंकवादियों द्वारा मूलतत्ववाद के प्रचार हेतु प्लेटफार्म के रूप में प्रयोग किया गया है। अल्पसंख्यक समुदाय के सदस्यों को निशाना बनाकर आक्रमण किए गए हैं जिससे वे लोग बड़े पैमाने पर घर छोड़ कर चले गए। ऐसा विशेषकर जम्मू और कश्मीर में हुआ है। वस्तुतः इसका अभिप्राय पूरे क्षेत्र के जनसांख्यिकीय ढांचे को परिवर्तित करने के उद्देश्य के साथ धार्मिक शोधन भी हो रहा है। इस रणनीति का एक अन्य पहलू आधुनिक धर्मनिरपेक्ष शिक्षा प्रणाली को नष्ट करना तथा इसकी जगह मूलतत्ववाद पर आधारित शिक्षा प्रणाली को स्थापित करना भी है। केवल जम्मू और कश्मीर में ही पिछले दो-तीन सालों में सैकड़ों विद्यालयों को लक्ष्य बनाया गया और उन्हें जलाया अथवा नष्ट कर दिया गया।

(ख) राजनैतिक नेताओं और कार्यकर्ताओं को निशाना बनाकर उन्हें मारा गया है। इन हत्याओं के बाद राजनैतिक नेताओं को उनकी पार्टी छोड़ने और किसी भी राजनैतिक गतिविधि से अलग रहने की धमकियां दी गई ताकि केवल बंदूक के भय से पूरा राजनैतिक शून्य उत्पन्न किया जा सके। इसके अतिरिक्त, विशिष्ट नागरिकों तथा मत प्रकट करने वाले नेताओं को चुन-चुनकर मारा गया है जिससे आतंकवादियों के खिलाफ उठाई जाने वाली किसी भी आवाज को रोका जा सके।

(ग) सरकारी कर्मचारियों के भी अपहरण हुए और उनकी हत्या भी की गई। इसका उद्देश्य प्रशासन को पंगु बनाना तथा उसे तहस-नहस करके उसके सबसे निचले स्तर पर शून्यता पैदा करना रहा है जिससे लोगों को चोट पहुँचे और प्रशासन की निष्क्रियता के विरुद्ध उनमें नाराजगी पैदा हो। आतंवादियों का लक्ष्य रहा है कि आतंक का माहौल बने जिससे वे न सिर्फ सामान्य नागरिकों और व्यापारियों से धन ऐंठ सकें बल्कि

सरकार का पैसा भी लूट सकें और समूचे तंत्र में विद्रोही तत्व घुसपैठ कराने में भी सफल हो जाएं।

(घ) प्रेस और मीडिया के लोगों को अपहरण का निशाना बनाया गया और उन्हें मारा गया ताकि प्रेस का मुंह बन्द किया जा सके और उसे जबरदस्ती आतंकवादियों का प्रवक्ता बनाकर गलत सूचना फैलाई जा सके।

(ङ) न्यायिक प्रक्रिया को निष्ठाहीन बनाने और पूरी प्रणाली को डराने हेतु न्यायिक अधिकारियों को धमकाया गया है और कुछ को जान से मार दिया गया है। इसके साथ–साथ अनौपचारिक न्यायालयों द्वारा संक्षिप्त न्याय को प्रवर्तित करने का प्रयास किया गया है।

(च) अन्ततः हजारो निर्दोष स्त्री, पुरूष और बच्चे भयानक अपराधों, जैसे अपहरण, बलात्कार, प्रताड़ना, हत्या आदि के शिकार हुए हैं। अत्याधुनिक हथियारों के अलावा, आतंकवादियों ने इन अपराधों के लिए बमों तथा कामचलाऊ विस्फोटक उपकरणों का भी बहुत प्रयोग किया है।

आतंकवदियों द्वारा यह अभियान सामान्यतः सादे नागरिक रहन सहन में रहकर ही चलाया जा रहा है। अक्सर स्त्रियों के वेश में भीड़ में से और घने बसे आवासीय क्षेत्रों तथा अस्पतालों एवं धार्मिक स्थलों से ही ये अभियान चलाए जाते हैं। आतंकवादी बसों, बाजारों, रेलवे स्टेशनों, सिनेमा घरों आदि में अंधाधुंध गोलियां चलाकर नागरिकों की हत्या करते हैं। इनके उपकरणों में अत्याधुनिक हथियार, विदेशी प्रकृति के विस्फोटक उपकरण, बारूदी सुरंग, कार तथा मानव बम, राकेट इत्यादि शामिल हैं।

नागरिकों को ढाल के रूप में प्रयोग करने तथा धन का लालच देकर बच्चों से एजेंटो का काम लेने के बहुत से उदाहरण हैं। बच्चों को, विशेषकर सुरक्षा बल कार्मिकों पर ग्रेनेड फैंकने के एजेंट के रूप में प्रयोग किए जाने के भी उदाहरण मिले हैं। वे जानते हैं कि ऐसा करने से सुरक्षा बल उत्तेजित होंगे और फिर शायद नागरिकों पर सख्ती करेंगे

जिससे नागरिकों का नुकसान होगा और वे सुरक्षा बलों के खिलाफ हो जाएंगे।

यह साफ जाहिर है कि विशेषकर जम्मू और कश्मीर में आतंकवादियों की हिंसा में पाकिस्तान का हाथ किसी न किसी रूप में रहा है। सैनिक और शस्त्र प्रशिक्षण, हथियारों की आपूर्ति, संचार उपस्कर तथा निधि, गुप्तचर सेना, सैन्य तंत्र एवं संचार सहायता, प्रचार सहायता, प्रचार व मनोवैज्ञानिक लड़ाई आदि "प्राक्सी वार" अभियानों में विदेशी सैनिक तथा गुप्तचर कार्मिकों का वास्तविक तौर पर शामिल होना तथा सीमा पार से हिंसा और आतंकवाद में संलिप्त व्यक्तियों को पाकिस्तान का समर्थन मिलने के कई प्रत्यक्ष प्रमाण हैं।

हिंसा में पाकिस्तान किस सीमा तक संलिप्त है, इसका संयुक्त राज्य प्रतिनिधि सभा की रिपब्लिकन अनुसंधान समिति के आतंकवाद एवं गैर-पारंपरिक युद्ध के संबध में तैयार किए गए टास्कफोर्स द्वारा विवरण तैयार किया गया है। समिति ने अपनी 1 फरवरी, 1993 की रिपोर्ट में कहा था कि "अंतर्राष्ट्रीय आतंकवाद को प्रायोजित करना और अलगाववादी भय तथा विद्रोह पाकिस्तान के लिए नए नहीं हैं। सन् 1970 से इस्लामाबाद में जुल्फिकार अली भूट्टों के "फार्वर्ड स्ट्रेटेजिक डैप्थ" (अग्रिम युद्ध संबंधी गहनता) अलगाववादी आंदोलन के भाग के रूप में सिख और अन्य भारतीयों को प्रशिक्षण देता रहा है।" इसमें यह भी लिखा था ''भारतीय कश्मीर में इस्लामवादी संदेश के प्रारम्भिक प्रभाव को देखकर इस्लामाबाद ने अपने सितिज को विस्तृत करना शुरू कर दिया और अपने निशानों को और अधिक बड़े लक्ष्यों पर स्थापित कर दिया। इस प्रकार 1986 में, प्रशिक्षण से बढ़ते हुए अनुभव, अफगान मुजाहिदीन को संगठित करने तथा उपलब्ध सैनिक आपूर्ति (अमरीका, सउदी अरब तथा अन्य विदशी सहायता से) के माध्यम से पाकिस्तान ने अलगाववाद तथा आतंकवाद को मुख्यतः कश्मीर में युद्धनीति के एक दीर्घकालिक कार्यक्रम के रूप में प्रायोजित करने और बढ़ाने के अपने अभियान को फैलाना शुरू कर दिया था।" पाकिस्तान की सोच में अब भी ज़रा भी फ़रक नहीं आया है।

हालांकि अफगानिस्तान में उसे मुंह की खानी पड़ी है जहां से उग्रवादी संगठन अलकायदा को उखाड़ फैका गया है। पाकिस्तान का नाम न्यूयार्क वर्ल्ड ट्रेड सैंटर के हमले से भी जोड़ा गया है।

आइए, अब ज़रा पहले पंजाब में और फिर जम्मू व कश्मीर में आतंकवादियों द्वारा की गई हिंसा का अन्दाजा लगाएं। पंजाब में 1981 से 1993 तक करीब 13 हजार निर्दोष लोगों को आतंकवादियों ने मौत के घाट उतार दिया जिनमें से करीब 1700 पुलिस वाले थे। 1987 से लेकर 1993 तक उन्होंने लूटपाट की करीब 1300 वारदातें की और उनमें लगभग 15 करोड़ का माल लूटा। यहां सिर्फ दो प्रकार के आंकड़े दिए गए हैं। और भी कई प्रकार के अपराध उन्होंने किए, जैसे लोगों की बहू-बेटियों के साथ बलात्कार और बुरा व्यवहार, हजारों निर्दोष लोगों को सताया, और क्या-क्या हुआ होगा इसका अंदाजा आप खुद लगा सकते हैं। सन् 1994 के लगभग से पंजाब पुलिस ने सरकार और लोगों की कई प्रकार की मदद से आखिरकार आतंकवाद पर काफी कब्ज़ा कर लिया और तब से पंजाब में काफी शान्ति है। पाकिस्तान के इरादे यहां कामयाब नहीं हुए और उसे मुँह की खानी पड़ी।

जम्मू व कश्मीर में आंतकवादियों द्वारा हिंसा की करीब 19000 घटनाएं 1988 से 1993 तक के पांच सालों में हुई। इनमें करीब 7000 जाने गई। उन्होंने करीब 650 लोगों का अपहरण भी किया जिनमें कुछ विदेशी, महिलाएं, राजनैतिक कार्यकर्त्ता, सरकारी अफसर और पुलिस तथा सुरक्षा बलों के कर्मचारी भी शामिल हैं। इनमें से कइयों की आतंकवादियों ने निर्मम हत्या कर दी। बैकों इत्यादि से उन्होंने करीब 5 करोड़ रुपये लूटे। उन्होंने हजारों घरों, पुलों, सरकारी भवनों और स्कूलों को नुकसान पहुंचाया और उनमें से कई आगजनी से राख में बदल दिए। महिलाओं के साथ बुरा व्यवहार किया, हजारों निर्दोष लोगों को सताया।

फिर सन् 1994 से 2005 तक आतंकवाद ने 47, 371, लोगों की जान ली जिसका ब्यौरा नीचे दिया गया है।

भारत में दुर्घटना के शिकार से मौतें 1994–2005

वर्ष	नागरिक	सुरक्षा कर्मी	आतंकवादी	कुल
1994	1696	417	1919	4032
1995	1779	493	1603	3875
1996	2084	615	1482	4181
1997	1740	641	1734	4115
1998	1819	526	1419	3764
1999	1377	763	1614	3754
2000	1803	788	2384	4975
2001	1693	721	3425	5839
2002	1174	623	2176	3973
2003	1187	420	2095	3702
2004	886	434	1322	2642
2005	913	287	1319	2519
कुल	18151	6728	22492	47371

उक्त आंकड़े निम्न क्षेत्रों के हैं।

	नागरिक	सुरक्षा बल	आतंकवादी	कुल
जम्मू व कश्मीर	10483	4736	17458	32677
उत्तर पूर्व	7287	1978	4930	14195
पंजाब	82	2	91	175
अन्य	299	12	13	324
कुल	**18151**	**6728**	**22492**	**47371**

उन्होंने दिल्ली में संसद, काश्मीर में विधान सभा, मुंबई मे गेटवे आफ इंडिया आदि कई स्थानो पर हमले कर के भारत के लोकतंत्र और आज़ादी लोगों पर प्रहार किया।

भारत के पूर्वोत्तर राज्यों में पिछले कई दशकों से आतंकवादियों की हिंसक गतिविधियां जारी हैं। यह क्षेत्र अन्तर्राष्ट्रीय सीमा पर चार देशों अर्थात् उत्तर में भूटान और चीन, पूर्व में म्यांमार और दक्षिण-पश्चिम में बंगलादेश से घिरा हुआ है। असम, त्रिपुरा, मिज़ोरम, नागालैंड और मणिपुर में समय-समय पर आतंकवादियों ने हिंसा की है और कर रहे हैं। आजकल मिज़ोरम में शांति हैं और नागालैंड में भी शान्ति वार्ता के चलते शान्ति है लेकिन मणिपुर, असम और त्रिपुरा में वारदातें चल रही हैं। आतंकवादियों की कुछ संस्थाएं तथाकथित ऐतिहासिक कारणों से पृथक् देश की मांग कर रहीं हैं। संचार की कठिनाई, पर्याप्त रोजगार के अवसरों की कमी, भारत सरकार की तथाकथित अनदेखी, आर्थिक व सामाजिक ढ़ांचे में स्वाभिमान, राजनैतिक जागरूकता, पड़ोसी देशों से मदद इत्यादि भी इन हालात के लिए कुछ हद तक जिम्मेदार हैं। आजकल बंगलादेश हमारे आतंकवादियों को सक्रिय रूप से मदद और शरण दे रहा है।

दीर्घ अंतर्राष्ट्रीय सीमा प्रांतों में पारंपरिक संबध और तस्करी से होने वाले अत्यधिक लाभों ने वस्तुतः सीमा पार से आंदोलन के लिए इन सीमा प्रांतों को खोल दिया है। नशीले पदाथों की तस्करी बढ़ रही है और "गौल्डन ट्राइएंगल" से नशीले पदाथों की काफी मात्रा इस क्षेत्र से होकर देश के अन्दर आ रही है। तस्करों और आतंकवादी तत्वों द्वारा किए जा रहे "नारकोटिक संबंधी" अपराधों में लगातार वृद्धि होती रही है। आतंकवादी ग्रुप नशीले पदाथों की तस्करी करने वालों को आग्नेयास्त्र और विस्फोटकों की आपूर्ति के लिए भी प्रयोग करते रहे हैं। नशीले पदाथों की तस्करी करने वाले कुछ तस्कर कट्टर आतंकवादी हैं और उनके विदेशों से संबध हैं। इस तरह विद्रोह की समस्या में "नारको-टेरीरिज्म" (स्वापक आतंकवाद) का एक और नया अध्याय जुड़ गया है।

विद्रोही ग्रुप अपने हथियारों, संगठनात्मक ढांचों, प्रशिक्षण और अन्तर-संबधों में तेजी से उन्नति कर रहे हैं। छिट-पुट हिंसा के अलावा, इन ग्रुपों ने अपने प्रभावशाली क्षेत्रों में प्रबंधन को इस सीमा तक बढ़ाया है कि प्रशासन की विश्वसनीयता को बुरी तरह झकझोरा जा सके। उन्होंने पुलिस और सुरक्षा बलों पर भी कई बार हमले किए हैं और कई निर्दोष लोगों की जानें भी ली हैं। बैकों आदि को लूटना, आगजनी करना, जातीय झगड़ों वगैरह से वहां हिंसा बढ़ाई है।

आतंकवादियों द्वारा किए जा रहे मानव अधिकारों के उल्लंघन के इस घिनौने रूप को भी लोगों को देखना चाहिए खासकर उन विदेशी ताकतों को जो भारत सरकार की आलोचना तो करती है लेकिन इन आतंकवादियों की नहीं। ये ताकतें, पहले तो जैसे अमरीका, इग्लैडं और कई और पाश्चात्य देश इत्यादि, बिल्कुल नहीं समझती थी कि भारत सरकार किन मुश्किल हालात में ऐसे मसलों से जूझ रही है। पर जब से न्यूयार्क, लंदन, स्पेन, इन्डोनेशिया आदि देशों में आतंकवादियों के हमले हुए हैं तब से उन्हें थोड़ी-थोड़ी समझ आने लगी है। फिर भी वे पाकिस्तान, को जो काफी कुछ आतंकवाद हमारे देश में फैला रहा है, कुछ नहीं कहते । यह बड़े अफसोस की बात है।

हमारे देश में जहां सुरक्षा बलों को इतने बड़े पैमाने पर आतंकवादियों से लड़ाई करनी है वहां कभी न कभी कोई न कोई ज़्यादती हो जाती है। फिर भी इस बात की प्रशंसा करनी होगी कि सुरक्षा बल बड़े संयम के साथ काम करते हैं और आतंकवाद का मुकाबला बड़े-बड़े बलिदान देकर भी कर रहे हैं।

3

पुलिस बल और मानव अधिकार

उसमें कोई शक नहीं कि कुछ पुलिसकर्मी मानव अधिकारों का उल्लंघन करते हैं जिससे सारी पुलिस और सुरक्षा बल बदनाम होते हैं। ऐसी गलतियां पुलिस को शोभा नहीं देती। हममें से कई लोग ऐसी गलतियों का बचाव कई कारण देकर करते हैं। कारण चाहे जो भी हो, मानव अधिकारों की अवहेलना गलत हैं। उसकी निंदा भी होनी चाहिए और दोषियों को सज़ा भी मिलनी चाहिए।

आईये सब से पहले इस मामले में कुछ आंकड़ों पर नज़र डालते हैं जो नेशनल क्राइम रिकार्ड ब्यूरो और बी० एस० एफ० एवम् सी० आर० पी० एफ० के सूत्रों से हमें प्राप्त हुए हैं।

सबसे बड़ा गुनाह पुलिस हिरासत में मौतें का है जो अधिकतर यातना, फर्ज़ी मुठभेड़ का नतीजा होता है। सन् 2004 में 86 लोगों की मौतें इस वजह से हुई।

नीचे दी गई सारणी में सन् 2002 से सन् 2004 तक का ब्यौरा इसका वर्णन करता है।

पुलिस हिरासत/हवालात में मौतें 2002–2004

	मौतें	2002	2003	2004
(1)	जिनको अदालत से पुलिस हिरासत में भेजा गया	31	33	37
(2)	जिनको अदालत ने पुलिस हिरासत में नहीं भेजा	53	61	49
		84	**94**	**86**

इस से साफ है कि जिन मामलों में अदालत ने लोगों को पुलिस हिरासत में भेजा उनमें मरने वाले को संख्या में बढ़ोतरी हुई है जैसे 2002 में 31, 2003 में 33 और 2004 में 37 लोगों की मौतें हुई है। अदालतीजांच के फलस्वरूप 15 पुलिस कर्मचारियों के खिलाफ मुकदमें दर्ज किये गये जिसमें से आखिरकार 4 कर्मियों को सजा हुई।

पुलिस हिरासत में बलात्कार के भी कई मामले सामने आये। सन् 2004 में ऐसे 3 मामले और 2004 में 2 मामले सामने आये जिनमें पुलिसकर्मियों के खिलाफ मुकदमे दर्ज हुए।

हालांकि पुलिस हिरासत में कई और कारणों से भी मौतें होती हैं जैसे अदालत में जाते आते, तफ्तीश के दौरान अस्पताल में इलाज, एक्सीडेन्ट, बलवा दूसरे अपराधियो के द्वारा, खुदकुशी, कैद से भागतें समय, बीमारी इत्यादि फिर भी यातना से किसी की हत्या पुलिस हिरासत में करना या फर्ज़ी मुठभेड़ में किसी को जान से मारना क्षमा योग्य नहीं है।

पुलिसकमियों के खिलाफ हज़ारों शिकायतें भी आती हैं जिस में से कई उनके द्वारा मानव अधिकारों के उल्लंघन के बारे में होती हैं। सन् 2000 से सन् 2004 तक के इस बारे में आंकड़े नीचे तीन सारणियों में दिये गये हैं। यह शिकायते राज्यों के पुलिस संगठनों के बारे में हैं।

सुरक्षाकर्मियों के खिलाफ शिकायतें, जांच तथा दर्ज मामले
(वर्ष 2000–2004)

वर्ष	पूरे वर्ष के दौरान शिकायते	कार्यवाही की गई			झुठी/साबित न हुई शिकायतें	वर्ष के दौरान दर्ज मामले	मामलों की संख्या	
		विभागीय	मैजिस्ट्रेयल (Magisteral)	अदालती जुडीशिल (Judicial)			विभागीय कार्रवाई	ट्रायल में पेश चार्जशिट
2000	68160	13734	236	452	42608	4056	3095	1160
2001	58661	19844	3509	438	32141	7297	4652	4477
2002	43393	11850	200	280	17456	8978	4952	888
2003	55115	15169	130	365	25823	8167	7049	1026
2004	51060	15633	573	383	29332	3362	4715	1191

अंडरट्रायल, दोषी तथा निर्दोष सुरक्षाकर्मी

(वर्ष 2000-2004)

क्रम संख्या	वर्ष	ट्रायल के लिए भेजे गये, सुरक्षाकर्मी	मामले वापस हुए- केश बंद हुए	ट्रायल पुरा होने वाले सुरक्षाकर्मियों की संख्या	सुरक्षाकर्मियों की संख्या दोषी	सुरक्षाकर्मियों की संख्या निर्दोष
1,	2000	1556	152	151	26	125
2.	2001	1524	157	166	43	123
3.	2002	1305	258	231	52	179
4.	2003	1216	146	176	45	131
5.	2004	1517	486	426	55	371

सुरक्षाकर्मियों के खिलाफ विभागीय कार्रवाई और सज़ा
(वर्ष 2000-2004)

क्रम संख्या	वर्ष	सुरक्षाकर्मियों की संख्या				कठोर सज़ा	सामान्य सज़ा
		अनुशासनात्मक कार्रवाई हुई	मामले वापस लिये गये	जांच पूरी हुई	नौकरी से बर्खास्त		
1.	2000	23215	4542	11347	806	9514	32233
2.	2001	29748	5756	13137	922	5914	29781
3.	2002	22276	4566	9051	726	5851	18704
4.	2003	20321	4713	9527	835	4762	15967
5.	2004	19269	5482	7247	752	5557	14666

सुरक्षाकर्मियों की संलिप्तता और उनके खिलाफ कार्रवाई

वर्ष 2004 के दौरान, 1517 सुरक्षाकर्मियों के खिलाफ जांच व दोषारोपण के बाद मुकदमें दायर किये गये जिनमें 486 के खिलाफ या तो मुकदमें वापिस ले लिये गये, या फिर अन्य कारणों से बरी कर दिया गया। वहीं 426 सुरक्षाकर्मियों के खिलाफ मुकदमों की कार्यवाई पूरी हुई जिनमें से 371 दोषमुक्त पाये गये तथा केवल 55 दोषी पाये गये।

सुरक्षाकर्मियों के खिलाफ विभागीय कार्यवाही

राज्यों व केंन्द्र शासित प्रदेशों के दोषी पुलिसकर्मियों के खिलाफ संबोधित विभागों द्वारा की जा रही अनुशासनात्मक कार्यवाही इस बात का संकेत देती है कि अनुशासन लाने के लिए संबंधित अधिकारियों द्वारा सख्त कदम उठाये जा रहे हैं। 15,633 मामलों में विभागीय जांच की गई जिनमें 16,269 पुलिसकर्मियों के खिलाफ अनुशासनात्मक कार्रवाई की गई। इसके अलावा 5,482 सुरक्षाकर्मियों के मामले में केस वापिस ले लिये गयें या रफा दफा कर दिये गये। वहीं 7247 के खिलाफ विभागीय जांच पूरी हुई। जांच में दोषी पाये गये 752 पुलिसकर्मियों को नौकरी से हटा दिया गया। सर्वाधिक बर्खास्ती राजस्थान (110) में हुई जो कुल संख्या का 14.6 प्रतिशत है, इसके अलावा मध्य प्रदेश (109), पंजाब (105) तथा दिल्ली (85)। इस दौरान 14, 666 पुलिसकर्मियों को मामूली सी सज़ा हुई तथा 5557 को कठोर सजा हुई। वास्तविक पुलिस की संख्या(सिविल+सशस्त्र) के आधार पर प्रत्येक राज्यों व केन्द्रशासित प्रदेशों में प्रति 100 पुलिसकर्मियों पर शिकायतों का आँकलन किया गया। वर्ष 2004 के दौरान राज्यों में दर्ज शिकायतों की बात करें तो मध्य प्रदेश में 15.3% गुजरात और उत्तरांचल में 7.7% शिकायतें प्रति 100 पुलिसकर्मियों पर दर्ज की गई वहीं दिल्ली में 18.5% रहीं तथा राष्ट्रीय औसत 3.8% रही।

इससे दो तथ्य सामने आते हैं। एक तो यह, अब लोग पुलिस के खिलाफ शिकायत करने में ज्यादा हिचकिचाते नहीं, इस संख्या में इस कारण बढ़ोतरी होगी और होनी चाहिए। दूसरा यह कि उन शिकायतों पर

पुलिस के उच्च अधिकारी और प्रशासन कार्य भी करते हैं। हम को यह भी ध्यान में रखना होगा कि उनमें कई शिकायतें पुलिस कर्मियों को जान बूझकर परेशान करने के लिए भी होती हैं जो बाद में निराधार पायी जाती है।

हमारे देश में दो प्रमुख अर्द्धसैनिक बल-सीमा सुरक्षा बल (बी०एस०एफ०) और केन्द्रिय रिजर्व पुलिस बल (सी०आर०पी०एफ०) जिनको अपराधियों और आतंकवादियों से काफी निपटना पड़ता है। दोनों ही अपना काम बहुत अच्छे तरीके से कर रहे हैं। फिर भी उनमें से कुछ लोग मानव अधिकारों का उल्लंघन करते हैं। उच्च अधिकारी उन शिकायतों की जांच भी करते हैं और आवश्यक कार्यवाही करते हैं। नीचे दिए आकड़ों पर नज़र डालिये।

सीमा सुरक्षा बल (बी. एस. एफ.)

क्रम सं०	अपराध	श्रीनगर क्षेत्र	बीएलए क्षेत्र	जम्मू क्षेत्र	कुल
1.	हत्या	101	73	02	176
2.	बलात्कार	07	06	01	14
3.	अत्यचार	04	02	-	06
4.	गैरकानूनी कार्य	01	02	-	03
5.	चोरी	12	08	-	20
6.	बेवजह फायरिंग	03	02	-	05
7.	सीमा उल्लंधन	04	-	-	04
8.	अभद्र व्यवहार	12	-	-	12
9.	अन्य	37	33	-	70
10.	**कुल**	**181**	**126**	**03**	**310**

जिस व्यक्तियों के दण्ड दिया गया वे इस प्रकार है।

बीएसएफ द्वारा की गई कार्रवाई

दण्ड	आफिसर्स्	एस ओ	ओ एस आर एस	कुल
पांच वर्षो या उससे अधिक के लिए निंलबित	–	–	8	8
तीन या उससे अधिक वर्षो के लिए निंलबित	–	–	1	1
दो या उससे अधिक वर्षो के लिए निंलबित	–	–		
छह महीने से अधिक के लिए निंलबित	–	–	4	4
छह महीने से कम समय के लिए निर्लबित	–	–	4	4
नौकरी से बर्खास्त	–	–	3	3
सामान्य सज़ा	–	–	2	2
अन्य	–	–	2	2
निर्दोष	–	–	1	1
कुल	–	–	**25**	**25**

नोट:- ऐसे व्यक्ति जिसे कैद की सजा हुई उसे भी नौकरी से बर्खास्त किया गया है। इसके अतिरिक्त जिन व्यक्तियों पर शक् के तौर पर जम्मू-कश्मीर के मुकदमे चले

वर्ष	मामलों की संख्या			कुल
	श्रीनगर क्षेत्र	बीएलए क्षेत्र	जम्मु क्षेत्र	
1990-1994	150	112	–	262
1995-1999	19	9	3	31
2000	1	2	–	03
2001	5	2	–	07
2002	1	–	–	01
2003	1	–	–	01
2004	3	1	–	04
2005	1	–	–	01
कुल	**181**	**126**	**03**	**310**

इन मुकदमों की वर्तमान स्थिति इस प्रकार है।

क्रम संख्या	विवरण	कुल
1.	पुलिस द्वारा मामले बंद	250
2.	पुलिस के पास मामले निलंबित	33
3.	बीएसएफ द्वारा अनुशसनात्सक कार्यवाई	25
4.	मुकदमा चलाने से इंकार	02
	कुल	**310**

SUO-MOTO CASES TAKEN UP BY BSF

Number of Cases	37
No of Cases in which BSF persons convicted	35
No of Cases in which BSF persons Acquitted	02
No of Persons involved in 37 Cases	81
No of Persons convicted	65
No of Persons Acquitted	16

इसी प्रकार फौज भी मानव अधिकारों के उल्लंघन के लिए कार्यवाही करती है। सन् 2002–2003 में रक्षा मंत्रालय के आंकड़ों के अनुसार 60 शिकायतें मिली जिनमे से 18 में जांच पड़ताल पूरी की गई। दो मामलों में शिकायत सच्ची पायी गई और सज़ा भी दी गई। अब देखें कि राष्ट्रीय मानव अधिकार आयोग को पिछले 10 सालों में कितनी शिकायतें मिलीं। आयोग की सन् 2002-2003 को अयोग की रिपोर्ट के मुताबिक 3,75,758 केस रजिस्टर किये गये जो एक बहुत ही बड़ी

मानवाधिकार अल्लंधन की शिकायतें
(सी० आर० पी० एफ० केन्द्रीय सुरक्षा बल)

वर्ष	कुल मामले	जांच हुई	गलत पाया गया	सही पाया गया	विचाराधीन
1995	16	16	16	–	–
1996	2	2	2	–	–
1997	6	6	6	–	–
1998	4	4	4	–	–
1999	28	28	28	–	–
2000	30	30	30	–	–
2001	25	25	25	–	–
2002	53	53	51	2	–
2003	14	14	14	1	–
2004	14	14	11	3	–
2005	13	12	8	4	1
2006	1	–	–	–	1
कुल	**158**	**156**	**147**	**9**	**2**

15-01-2006 तक जहां-जहां इन शिकायतों में तथ्य पाए गये वहां सजा भी दी गई।

संख्या है। यह संख्या 1993-1994 में सिर्फ 496 थी। नीचे सारणी से पता चलता है कि आयोग की स्थापना के बाद ऐसी शिकायतों में बढ़ौतरी हुई है।

वर्ष	शिकायते दर्ज
1993–94	496
1994–95	6,978
1995–96	10,195
1996–97	20,514
1997–98	36,791
1998–99	40,724
1999–2000	50,634
2000–01	7,555
2001–02	69.083
2002–03	68.779
	कुल 3,75,758

आगे चलकर हम विस्तार से राष्ट्रीय मानव अधिकार आयोग के बारे में एक अलग अध्याय में बात करेंगे हालांकि हमने ऊपर पुलिस के मानव अधिकारों के उल्लंघन के बारे में चर्चा की है और आंकड़ें भी दिये हैं फिर भी हमें यह भी मानना पड़ेगा कि पुलिस अपनी तरफ से जी–जान लगाकर अपना काम कर रही है और कामयाबी भी हासिल कर रही है।

पुलिस का काम इधर बहुत बढ़ गया है। जनसंख्या बढ़ रही है। समाज में परिवर्तन हो रहे हैं। आतंकवाद बढ़ रहा है। पुलिस और सुरक्षा बलों पर अपराधी और आतंकवादी हमले करते हैं। पुलिस की संख्या

जरूरत के अनुसार नहीं बढ़ी है। इन कारणों से पुलिस वाले हर वक्त दबाव में रहते हैं। जनता, सरकार, मीडिया पुलिस से बहुत आशा रखते हैं जो पूरी नहीं हो पाती। इसलिए पुलिस की प्रशंसा तो कोई करता नहीं, आलोचना सब करते हैं। गलतियों को खूब उछाला जाता है। कई बार तो ऐसा आभास दिलाया जाता है जैसे पुलिस विभाग चोर, उचक्कों, ठगों, और अपराधियों का कोई समूह है। जबकि सच यह है कि यह विभाग देश में शांति रखने की बहुत बड़ी जिम्मेदारी निभाता है। सच यह भी है कि हमारे पुलिस बलों के कुछ सदस्य कभी–कभी इन अधिकारों का उल्लंघन भी करते हैं, जो गलत है। इससे रोष उत्पन्न होता है। ऐसी गलतियों से पुलिस की बड़ी बदनामी होती है। अगर राज्य पुलिस में कोई एक–दो सिपाही या अफसर ऐसी गलती करते हैं तो सारी पुलिस बदनाम होती है और अगर किसी केन्द्रीय पुलिस संगठन में उसका कोई सदस्य गलती करता है तो सारा संगठन बदनाम होता है। हम लोग रोज अखबारों में पढ़ते हैं कि पुलिस ने यहां ज्यादती की, वहां गड़बड़ की– यह कोई अच्छी बात नहीं है।

आमतौर पर पुलिस वाले निम्नलिखित गलतियां करते हैं:–

1. रोजाना की ड्यूटी देते हुए जनता से दुर्व्यवहार करना, कभी–कभी जबरदस्ती करना, मारना–पीटना या रिश्वत लेना।
2. गैर कानूनी जलूसों, जलसों इत्यादि में जरूरत से ज्यादा ताकत का इस्तेमाल करना।
3. गिरफ्तारी, तलाशी, पूछताछ और नजरबंदी के दौरान कानूनी प्रावधानों का उल्लघंन करना।
4. गिरफ्तारी के बाद अपराधियों को शारीरिक और मानसिक रूप से यातना देना और उनके साथ अमानवीय व्यवहार करना।
5. गिरफ्तार हुए लोगों को थाने में या थाने के बाहर जान से मार देना।
6. गिरफ्तारी के बाद मार डालने के बाद यह कहना कि:

क. अपराधी मुठभेड़ में मारा गया।

ख. कैद से भागते वक्म मारा गया।

7. भागते हुए अपराधियों पर बगैर चेतावनी के गोली चलाना और उन्हें घायल करना या मार डालना।
8. किसी की निजी सम्पत्ति को गलत तरीके से जब्त करना, हथियाना या उसे नुकसान पहुँचाना।
9. तलाशी के समय या छापे मारते वक्त या गिरफ्तारी के बाद महिलाओं से अभद्र व्यवहार और बलात्कार करना।
10. अवैध तरीके से लोगों के घरों में प्रवेश करना और उनके साथ दुर्व्यवहार करना या उनकी सम्पत्ति को नुकसान पहुँचाना।
11. किसी के धर्म स्थान की मर्यादा को भंग करना या उसे अपवित्र करना।
12. किसी भी नागरिक के धर्म, सामाजिक रीति–रिवाज इत्यादि में हस्तक्षेप करना।
13. हिरासत में रखे गए लोगों/अपराधियों को दैनिक जरूरतों से वंचित रखना।
14. हिरासत में रखे गए लोगों/अपराधियों को रोगग्रस्त होने पर उनका उपचार न करवाना।
15. समाज के कमज़ोर और पिछड़े वर्गों, महिलाओं, बच्चों, वृद्धों, अपंगों और गरीब लोगों से बदतमीज़ी से बात करना, उन्हें तंग करना और उनका जायज काम न करना।

हर राज्य पुलिस और केन्द्रीय पुलिस बल के सदस्य का कर्त्तव्य है कि वह ऐसी गलतियां न करे। कानून के दायरे में रहकर ही अपना काम करे। कानूनी दायरे को "पुलिस और विधिक ढांचा" शीर्षक के अन्तर्गत आगे दर्शाया गया है। गिरफ्तारी के बाद तथाकथित अपराधियों की मौत पुलिस बलों पर एक बहुत बड़ा कलंक है। यह अपराध अभी पूरी तरह

से हमारे देश से खत्म नहीं हुआ है। कभी–कभी राज्यों की पुलिस के कर्मचारी और सुरक्षा बलों के सदस्य, दोनों ही इस मामल में दोषी पाए गए हैं। ऐसा दुष्कर्म करने वाले लोगों से हमेशा सख्ती से निपटना चाहिए और उपयुक्त छान बीन के बाद उन पर कानूनी कार्यवाही करनी चाहिए ताकि वे अपने किये का दंड भोग सकें और दूसरों को सबक मिल सके।

पुलिस और विधिक ढ़ांचा

भारतीय संविधान

1. विधि के समक्ष समानता - अनुच्छेद 14
2. अभिव्यक्ति की स्वतंत्रता - अनुच्छेद 19
3. अपराध के लिए दोषी ठहराने के संबध में सुरक्षा - अनुच्छेद 20
4. स्व–अभियोग के खिलाफ अधिकार - अनुच्छेद 20 (3)
5. जीवन और वैयक्तिक स्वतंत्रता की सुरक्षा - अनुच्छेद 21
6. गिरफ्तारी और निरोध के विरुद्ध सुरक्षा - अनुच्छेद 22
7. विधि सहायता का अधिकार - अनुच्छेद 39 (क)
8. सांविधिक उपाय हेतु सर्वोच्च न्यायालय में जाने का अधिकार- अनुच्छेद 32
9. याचिका जारी करने हेतु उच्च न्यायालय में जाने का अधिकार- अनुच्छेद 226

दंड प्रक्रिया संहिता

1. गिरफ्तारी के आधारों की सूचना - धारा 50, 55, 75
2. मजिस्ट्रेट के समक्ष देरी किए बिना पेश करना - धारा 56, 76
3. 24 घंटे से ज्यादा रोककर न रखा जाना - धारा 57, 76
4. जमानत का अधिकार - धारा 50 (2)

5. वैधानिक व्यवसायी द्वारा जांच करवाने का अधिकार - धारा 54
6. चिकित्सा व्यवसायी द्वारा जांच करवाने का अधिकार - धारा 54

भारतीय दंड संहिता

1. संस्वीकृति उद्दापित करने हेतु चोट पहुँचाना - धारा 330, 331
2. संस्वीकृति उद्दापित करने हेतु गलत परिरोध - धारा 348

भारतीय साक्ष्य अधिनियम

1. पुलिस अधिकारी के समक्ष की गई संस्वीकृति अप्रवेश्य-धारा 25, 26
2. अपराध सिद्ध होने तक निर्दोष होने की उपधारणा - धारा 101

भारतीय पुलिस अधिनियम

1. पुलिस हिरासत में किसी व्यक्ति को बगैर कारण चोट पहुँचाना-धारा 29

मृत्युमीक्षक अधिनियम

1. अपराध के कारण मृत्यु होने पर विचारण हेतु गिरफ्तार करने की शक्तियां - धारा-26

इस ढाँचे से साफ पता चलता है कि पुलिस के काम करने का दायरा क्या है और सब पुलिस कर्मियों को इसका पूरा ध्यान रखना चाहिए।

पुलिस मैनुअल

राज्यों और केन्द्रीय पुलिस बलों के मैनुअलों में काफी विस्तार से हिदायतें दी गई हैं कि पुलिस को (1) गिरफ्तारी के वक्त किस प्रकार कम से कम ताकत का इस्तेमाल करना चाहिए (2) संदिग्ध व्यक्ति से पूछताछ उचित तरीके से करनी चाहिए (3) किस प्रकार से तलाशी या ज़ब्ती करनी चाहिए (4) गवाहों, अभियुक्तों इत्यादि से किस तरह पेश आना चाहिए (5) अभियुक्तों को या गिरफ्तार हुए लोगों को दस्तावेजों

की कापियां देनी चाहिए और गिरफ्तारी की वजह बतानी चाहिए (6) पुलिस वाले अगर कोई गड़बड़ करें तो उनके खिलाफ कार्रवाई करनी चाहिए इत्यादि।

पुलिस-कर्मियों के लिए आचार संहिता

भारत सरकार ने जुलाई, 1985, में सब पुलिस बलों को एक आचार संहिता भेजी थी। जिसमें यह बताया गया कि पुलिस कर्मियों को कैसे काम और व्यवहार करना चाहिए।

राष्ट्रीय मानव अधिकार आयोग

इसके अलावा राष्ट्रीय मानव अधिकार आयोग ने भी पुलिस के लिए कई दिशा निर्देश जारी किये हैं जिनका ज़िक्र आगे किया गया है।

सुप्रीम कोर्ट के आदेश

भारत के उच्चतम न्यायलय ने **डी० के० बासु** बनाम **पश्चिम बंगाल सरकार** 1997 में पुलिस के लिए गिरफ्तारी के वक्त के बारे में हिदायतें जारी की थीं और यह भी कहा था कि इन आदेशों से सब पुलिस कर्मियो को अवगत कराया जाया। पुलिस महानिदेशकों को यह भी आदेश दिया गया था कि इन हिदायतों को पुलिस थानों में ऐसी जगह लगाया जाये जहां ये सबकी नज़रो में आये ताकि उचित कारवाई हो।

इस आदेश को विस्तृत रूप से परिशिष्ट 'क' में दिया गया है।

राज्य पुलिस मानव अधिकारों का उल्लघंन क्यों करती है?

हमारे देश में पुलिस एवं व्यवस्था राज्य सरकारों का विषय है और देश की सुरक्षा का भार केन्द्र सरकार पर है। पहले यह देखें कि राज्यों की पुलिस के कुछ सदस्य मानवाधिकारों का उल्लंघन क्यों करते हैं ? इसके कई कारण हो सकते हैं, जिनमें से कुछ निम्नलिखित हैं :–

(क) जब कोई भी जुर्म होता है तो **पुलिस पर दबाव पड़ता है कि** फौरन अपराधी को **पकड़े और इस दबाव में आकर कभी कभी**

पुलिस वाले गलतियां कर बैठते हैं, जैसे गलत आदमी को पकड़ना, मार पिटाई करना आदि।

(ख) बहुत ज़्यादा काम का होना।

(ग) आराम न मिलना।

(घ) प्रशिक्षण की कमी का होना।

(ड़) उच्चाधिकारियों से ठीक समय पर मदद या मशविरा न मिलना।

(च) कोई गलती करने पर सजा का न मिलना।

(छ) गलत आदमियों के साथ उठना-बैठना।

(ज) लालच करना।

(झ) इनके कल्याण और मनोबल की अनदेखी होना।

(ञ) अपराधियों/आतंकवादियों द्वारा उन पर हमले होना।

(ट) न्यायालय में जाकर अपराधियों का जमानत पर छूटना या रिहा होना।

(ठ) सही ढंग से कार्य करने के उत्तरदायित्व की कमी होना।

(ड) पर्याप्त साधनों की कमी होना।

(ढ) राजनीतिज्ञों का हस्तक्षेप करना, उनके हाथों तंग होना या उनसे बढ़ावा मिलना।

केन्द्रीय पुलिस बल ऐसा क्यों करते हैं?

हमारे देश में आंदोलन होते रहते हैं। कई बार इन आंदोलनों से निपटने में राज्य की पुलिस सक्षम नहीं होती। इसलिए मजबूरन केन्द्रीय पुलिस बलो को वहां तैनात किया जाता है ताकि वे राज्य पुलिस की मदद कर सकें और आन्दोलन को नियंत्रित कर सकें। इन बलों से भी निम्नलिखित कारणों से कभी-कभी गलती हो जाती है:

1. केन्द्रीय सुरक्षा बलों को स्थानीय हालात का पता नहीं होता।

2. उनके सामने भाषा, रहन-सहन, मौसम आदि की कठिनाइयां होती हैं।

3. चूंकि इन बलों को मजबूरी के वक्त ही भेजा जाता है, इसलिए इन बलों पर यह दबाव और भी अधिक होता है कि वे मसले को जल्दी हल करें। ऐसे में स्वाभाविक है कि कार्यकुशलता ठीक तरह सामने नहीं आ पाती।

4. इन बलों को रोज़ाना एक जगह से दूसरी जगह भागना पड़ता है जिससे इनका मनोबल गिरता है। इससे और भी गड़बड़ हो जाती है।

5. कभी-कभी सही ढंग से कार्य करने के उत्तरदायित्व की कमी भी होती है।

6. आपराधिक न्याय व्यवस्था की विफलता के परिणामस्वरूप कानून के नियमों और विशेष तौर पर उन्हें लागू करने वाली एजेंसियों के सदस्यों के प्रति विश्वास में कमी होती है जो रोष उत्पन्न करती है।

7. बलों को तैनात करने में भी कई बार सही फैसला नहीं होता। कहीं जरूरत से ज्यादा और कहीं जरूरत से कम बलों को तैनात किया जाता है जिससे गड़बड़ी पैदा होती है।

8. पुलिस बलों के प्रशिक्षण में कभी-कभी कमी होती है और इससे भी कई बार मामला बिगड़ जाता है।

9. कई बार उच्चाधिकारियों से ठीक समय पर मदद या मशविरा न मिलने से भी गलती हो जाती है।

10. आतंकवादियों द्वारा बार-बार हमले से तनाव हो जाता है और कई बार जरूरत से ज्यादा और सख़्त कार्रवाई हो जाती है।

11. लम्बे अरसे से घरों से दूर और चैक पोस्टों पर रहकर मनो-वैज्ञानिक दबाव पड़ता है जो ग़लत काम करवा देता है।

इसमें कोई शक नहीं हैं कि सुरक्षा बलों के सदस्य भी कभी-कभी गलती करते हैं और मानवाधिकारों का उल्लंघन करते हैं। यह कहना भी उचित होगा कि ज्यादातर आंदोलन राजनीतिक होते हैं और उनका हल भी राजनीतिक स्तर पर होना चाहिए। कई आंदोलन सामाजिक व आर्थिक कारणों से होते हैं जिनका हल पुलिस/सुरक्षा बलों के पास नहीं होता। वे तो सिर्फ हिंसा कम कर सकते हैं। राजनीतिक, आर्थिक, सामाजिक व दूसरे मसले सरकार को ही हल करने होंगे तभी शांति आएगी। ऐसा मिज़ोरम में कुछ साल पहले हुआ था। उस राज्य में उग्रवादी संगठनों से बातचीत करके शांति बहाल की गई थी। इसी प्रकार आजकल नागालैंड के उग्रवादियों से शान्ति वार्ता चल रही है।

क्या कदम उठाने चाहिएं?

1. सबसे पहले तो पुलिस बलों को मानवाधिकारों के बारे में पूर्ण प्रशिक्षण मिलना चाहिए जैसे:–

(क) भर्ती होने के बाद के प्रशिक्षण केन्द्रों में उन्हें मानव अधिकारों के बारे में संविधान और कानूनों के प्रावधानों से अवगत कराना चाहिए।

(ख) उन्हें यह सिखाना चाहिए कि वे कानूनी दायरे में रहकर ही काम करें।

(ग) उन्हें मानव मनोविज्ञानक के बारे में बताना चाहिए।

(घ) उन्हें कुछ सच्चे किस्से बताने चाहिएं, जिनमें पुलिस वालों द्वारा मानव अधिकारों का उल्लंघन हुआ हो ताकि वे ऐसी ग़लती न करें।

(ड़) फिर पीड़ित पक्ष के बारे में कुछ सच्चे किस्से बताने चाहिएं ताकि वे इन्सान की पीड़ा को समझ सकें।

(च) हो सके तो कुछ ऐसे लोगों से भी उन्हें मिलवाना चाहिए जिन्होंने पुलिस के हाथों जुल्म सहा हो ताकि वे पीड़ा का एहसास कर सकें।

(छ) ऐसा प्रशिक्षण सब अधिकारियों के लिए भी होना चाहिए।

(ज) यह प्रशिक्षण सिर्फ पहली भर्ती के बाद प्रशिक्षण में नहीं बल्कि नौकरी के दौरान रिफ्रेशर ट्रेनिंग के रूप में बार-बार होना चाहिए।

(झ) तनाव की स्थिति में अपने पर काबू रखने का खास प्रशिक्षण, योग अभ्यास, द्वारा देना चाहिए।

2. पुलिस वालों पर कोई भी अपराध या मसला जल्दी हल करने के लिए ज़ोर नहीं देना चाहिए। जनता को, अफसरों को, राजनेताओं को, प्रेस और टेलीविजन को धैर्य रखना चाहिए।

3. पुलिस पर अनुचित दबाव नहीं डालना चाहिए और उसके काम में किसी को भी हस्तक्षेप नहीं करना चाहिए।

4. पुलिस को काम करने के लिए पर्याप्त साधन मिलने चाहिएं। खासकर थाने में पुलिस अफसरों को वैज्ञानिक उपस्कर मिलने चाहिएं ताकि वे वैज्ञानिक तरीके से जांच करें और अभियुक्तों से ज़ोर-ज़बरजदस्ती न करें।

5. उनके आराम, कल्याण और मनोबल का पूरा ध्यान होना चाहिए।

6. पुलिस की संख्या काम के मुताबिक होनी चाहिए।

7. कोई गलती करने पर पुलिस वालों की ईमानदारी से जांच होनी चाहिए और ग़लती साबित होने पर उपयुक्त सजा मिलनी चाहिए।

8. उच्च्व अधिकारियों से जरूरत के वक्त उचित सलाह मशविरा और मदद मिलनी चाहिए।

9. केन्द्रीय सुरक्षा बलों का कम से कम इस्तेमाल हमारा सिद्धांत होना चाहिए और जहां करना पड़े वहां उच्च्व अधिकारियों को नियमित रूप से मानव अधिकारों की देखरेख करनी चाहिए

क्योंकि केन्द्रीय सुरक्षा बल बिगड़े हालातों में एक खास मकसद से एक नई जगह में स्थानीय पुलिस व प्रशासन की मदद के लिए जाते हैं।

10. इन बलों को तैनात करने से पहले इनके सदस्यों को 4-8 सप्ताह का खास प्रशिक्षण मिलना चाहिए और जहां वे जा रहे हों उन्हें उस जगह के बारे में और वहां के मसलों के बारे में विस्तार से बताना चाहिए।
11. पुलिस में जो अवांछनीय तत्व हैं उन्हें छांट करके निकाल देना चाहिए।
12. अच्छा काम करने वाले पुलिस वालों को तुरंत ईनाम देना चाहिए।
13. मानवाधिकारों के बारे में उच्च न्यायालयों और उच्चतम न्यायालय के फैसलों का पुलिस में प्रचार होना चाहिए।
14. पुलिस के हर दफ्तर में करो या मत करो की हिदायतों का चार्ट टंगा होना चाहिए ताकि पुलिस कर्मी उसको पढ़ सकें और उस पर अमल कर सकें।

जवानों के लिए "करो या मत करो" की हिदायतें

करो

1. अपनी वर्दी, कार्यकुशलता, अनुशासन और आचरण ठीक रखो ताकि जनता का आदर और विश्वास जीत सको।
2. संविधान में प्रदत्त अधिकारों की रक्षा करो।
3. कानून एवम् व्यवस्था का आदर करो।
4. नागरिकों के अधिकारों को समझो और उनका आदर करो।
5. अपना काम बिना किसी भय, पक्षपात, वैमनस्य अथवा प्रतिशोध की भावना से दृढ़तापूर्वक करो।

6. पूछताछ, तलाशी, गिरफ्तारी, जब्ती इत्यादि ढंग से और कानून का पालन करते हुए करो।
7. दोषी या अपराधी से कानूनी दायरे के अन्दर रहते हुए न्यायसंगत व्यवहार करो।
8. अपने काम में निपुणता हासिल करो।
9. हर समय धैर्य से काम लो।
10. जनता के धर्म, पूजा स्थलों, रीति-रिवाजों इत्यादि की मर्यादा रखो और उनका आदर करो।
11. जिस पर मुसीबत पड़ी है उसकी मदद करो। यदि खुद न कर पाओ तो अपने उच्च अधिकारी से कहो।
12. लोगों के जान और माल की हिफ़ाजत करो।
13. कम से कम बल का प्रयोग करो।
14. जब कभी अश्रुगैस, लाठी व हथियार इस्तेमाल करना पड़े तो पहले चेतावनी जरूर दो।
15. हथियार का प्रयोग तभी करो जब स्वयं की या किसी और की जान या माल को ख़तरा हो।
16. लाठी या गोली चलानी पड़े तो ज़ख्मी करने का ही इरादा रखो (जान से मारने का नहीं) और इसी इरादे से कमर के नीचे के हिस्से पर लाठी या गोली चलाओ।
17. दोषी या अपराधी को जीवित पकड़ने की कोशिश करो।
18. हिरासत में रखे हुए लोगों की जान की हिफ़ाजत करो।
19. हिरासत में रखे दोषी व अपराधी अगर बीमार है तो उसका उपचार कराओ।
20. पूछताछ वैज्ञानिक ढंग से करो और इस काम में वैज्ञानिक उपकरणों का इस्तेमाल करो।

21. पत्रकारों से सही सम्बन्ध रखो।
22. सिर्फ भगवान से डरो, धर्म का रास्ता पकड़ो और खुशी से देश की सेवा करो।

मत करो

1. अपमानजनक शब्दों का प्रयोग मत करो।
2. किसी से अभद्र व्यवहार न करो।
3. महिलाओं से छेड़खानी या बलात्कार न करो।
4. किसी के आत्मसम्मान को ठेस मत पहुँचाओ।
5. किसी से धर्म, भाषा, राजनीति, लिंग, जाति-उपजाति, स्थान, आर्थिक-स्तर आदि के कारण भेदभाव मत करो।
6. किसी के धर्म, पूजा स्थल, रीति-रिवाज आदि का अनादर मत करो।
7. हिरासत में लेने के बाद किसी को मानसिक या शारीरिक पीड़ा मत दो और उसके साथ कोई अपराध मत करो।
8. न्यायपालिका का काम अपने हाथ में मत लो।
9. भय अथवा पक्षपात, वैमनस्य अथवा प्रतिशोध की भावना से अपना काम मत करो।
10. लालच व बेईमानी मत करो।
11. कानून का उल्लंघन मत करो।
12. किसी की निजी सम्पत्ति को नुकसान मत पहुंचाओ और उसे मत हड़पो।
13. ज्यादा बल का प्रयोग मत करो।
14. जो मुसीबत में है उसके साथ और अन्याय न करो।
15. घृणा, गुस्सा और पक्षपात मत फैलाओ।

16. बगैर चेतावनी के अश्रुगैस, लाठी व गोली मत चलाओ।

17. गोली चलाते वक्त जान से मारने के इरादे से गोली मत चलाओ।

18. बगैर-कारण लाठी व गोली मत चलाओ।

19. हिरासत में रखे मरीज लोगों को उपचार से वंचित मत करो।

ऊपर "करो या मत करो" के कुछ ही उदाहरण दिए गए हैं। ऐसे और भी आचरण हो सकते हैं जो ठीक हैं या ठीक नहीं हैं। उनको भी अपने विवेक से समझना चाहिए और सभी के साथ न्यायसंगत मानवीय व्यवहार करना चाहिए।

सब राज्य पुलिसबलों ने और अर्द्धसैनिक बलों ने जैसे बी० एस० एफ०, सी० आर० पी० एफ० इत्यादि ने, और सेना ने भी अपने अपने अफसरों और दूसरे अधिकारियों और जवानों के के लिए करो या मत करो की हिदायत अपने अपने काम की ध्यान रखते हुए जारी की हैं और उनकी काफी पालना भी होती है। साथ ही सब का यह भी संकल्प है कि जो कोई भी मानव अधिकारों का उल्लंघन जान बूझ कर करेगा उसके खिलाफ सख़्त करवाई होगी।

4

भारतीय संविधान और कानून

समाज में शांति रखने के लिए और उसके हर सदस्य के सुरक्षित और संतोषजनक जीवनयापन के लिए हर सरकार कई कदम उठाती है। इस कार्य को सुचारु रूप से चलाने के लिए सरकार के मुख्यतया 3 अंग होते हैं: विधायिका, कार्यपालिका और न्यायपालिका।

विधायिका का काम समाज को संविधान और कानून बनाकर देना है जो जनता की सामूहिक भावना को व्यक्त करता है।

कार्यपालिका का काम इस संविधान और कानून को लागू करना है। जब कभी कानून समाज में किसी विशेष प्रकार की गतिविधि को निषिद्ध करता है तों यह गतिविधि अपराध बन जाती है। इस अपराध को रोकने और इसका पता लगाने के लिए हर समाज में कानून प्रवर्तन संगठन होते हैं जिनमें सबसे महत्त्वपूर्ण पुलिस संगठन है।

न्यायपालिका का काम अपराधियों को उचित दंड देना है और संविधान और कानून के सही पालन की निगरानी करना है।

हर सरकार में एक सुधारात्मक संगठन भी होता है जिसका काम न्यायपालिका द्वारा दी गई सजा को लागू करना और अपराधियों का सुधार करना होता है ताकि उन्हें समाज के लिए एक बार फिर से उपयोगी बनाया जा सके। इसको आम भाषा में जेल डिपार्टमैंट कहते हैं।

इस सारी कार्रवाई का मुख्य उद्देश्य समाज में मानवाधिकारों की रक्षा करना है। आइए, अब देखें कि हमारे देश के संविधान और कानूनों में इन मानवाधिकारों की रक्षा के लिए क्या किया गया है और चूंकि हम पुलिस की बात कर रहे हैं तो इसके कार्य को भी इस संदर्भ में देखा जाए।

भारत एक प्राचीन और सभ्य देश है और हमारी संस्कृति में मानवाधिकारों की रक्षा का स्थान हमेशा से महत्त्वपूर्ण रहा है। सदियों से हमारे पूर्वजों द्वारा प्रस्तुत राजनैतिक दर्शन हमारे कानूनों का मार्गदर्शन करता रहा है। जब पश्चिमी देशों में और संयुक्त राष्ट्र संघ में 40 के दशक के अन्तिम चरणों में मानवाधिकारों की सार्वभौम घोषणा की चर्चा चल रही थी तो हमारे नए स्वतंत्र राज्य के लिए संविधान बनाने वाले इन अधिकारों को प्राथमिकता दे रहे थे। यहां तक कि संयुक्त राष्ट्र की कुछ घोषणाएँ (इन मानवाधिकारों के बारे में) हमारे संविधान के लागू होने के 16 वर्ष बाद हुई जबकि उनकी झलक हमारे संविधान में, जो सन् 1949 में बना पहले से ही मौजूद है। इससे साफ जाहिर है कि भारत अपने प्राचीन आदर्शों पर चलते हुए इस मामले में सब से आगे है।

संसार का यह मानना है कि इतने खूबसूरत संविधान का शायद ही कोई दूसरा उदाहरण दुनिया में मिले । हमारी विधान सभा ने 21 नवम्बर सन् 1949 को यह संविधान अंगीकृत, अधिनियमित और आत्मार्पित किया। 26 जनवरी सन् 1950 को इस संविधान को लागू करते हुए भारत ने अपने आपको एक गणराज्य घोषित किया।

आइए, सबसे पहले हम भारत के संविधान की उद्देशिका पर नजर डालें।

उद्देशिका

"हम, भारत के लोग, भारत को एक (**संपूर्ण प्रभुत्व-संपन्न समाजवादी पंथनिरपेक्ष लोकतंत्रात्मक गणराज्य**) बनाने के लिए, तथा उसके समस्त नागरिकों को:

सामाजिक, आर्थिक और राजनैतिक न्याय

विचार, अभिव्यक्ति, विश्वास, धर्म

और उपासना की स्वतंत्रता, प्रतिष्ठा और अवसर की समता प्राप्त कराने के लिए, तथा उन सब में व्यक्ति गरिमा और राष्ट्र की एकता और अखंडता सुनिश्चित करने वाली बंधुता बढ़ाने के लिए दृढसंकल्प होकर अपनी इस संविधान सभा में आज तारीख 26 नवंबर, सन् 1949 ई. (मिति मार्गशीर्ष शुक्ला सप्तमी, संवत् दो हजार छह विक्रमी) को एतद्द्वारा इस संविधान को अंगीकृत, अधिनियमित और आत्मार्पित करते हैं।"

इस उद्देशिका से यह पता चलता है कि हमारे समाज ने मानव को कितनी इज्जत दी है। उसे हर प्रकार का न्याय, स्वतंत्रता और समता का हक दिया है।

संविधान के भाग 3 में नागरिकों के मूल अधिकारों का ज़िक्र किया गया है और भाग-4 में राज्य की नीति के निर्देशक तत्वों को दिया गया है।

भाग-3 में निम्नलिखित मूल अधिकारों का ज़िक्र है:

1. समता का अधिकार
2. स्वातंत्र्य अधिकार
3. शोषण के विरुद्ध अधिकार
4. धर्म की स्वतंत्रता का अधिकार
5. संस्कृति और शिक्षा संबंधी अधिकार

आइए, इन मूल अधिकारों का, और उनसे जुड़े दूसरे प्रावधानों का अनुच्छेदवार विस्तार से अध्ययन करें जो निम्न प्रकार हैं–

मूल अधिकार

साधारण

12. परिभाषा– इस भाग में, जब तक कि संदर्भ से अन्यथा

अपेक्षित न हो, "राज्य" के अन्तर्गत भारत की सरकार और संसद तथा राज्यों में से प्रत्येक राज्य की सरकार और विधान-मंडल तथा भारत के राज्यक्षेत्र के भीतर या भारत सरकार के नियंत्रण के अधीन सभी स्थानीय और अन्य प्राधिकारी हैं।

13. मूल अधिकारों से असंगत या उनका अल्पीकरण करने वाली विधियां– 1. इस संविधान के प्रारंभ से ठीक पहले भारत के राज्यक्षेत्र में प्रवृत्त सभी विधियां उस मात्रा तक शून्य होंगी जिस तक वे इस भाग के उपबंधों से असंगत हैं।

2. राज्य ऐसी कोई विधि नहीं बनाएगा जो इस भाग द्वारा प्रदत्त अधिकारों को छीनती हैं या न्यून करती है और इस खंड के उल्लंघन में बनाई गई प्रत्येक विधि उल्लंघन की मात्रा तक शून्य होगी।

3. इस अनुच्छेद में, जब तक कि संदर्भ से अन्यथा अपेक्षित न हो–

   (क) "विधि" के अन्तर्गत भारत के राज्यक्षेत्र में विधि का बल रखने वाला कोई अध्यादेश, आदेश, उपविधि, नियम, विनियम, अधिसूचना, रूढ़ि या प्रथा है;

   (ख) "प्रवृत्त विधि" के अन्तर्गत भारत के राज्यक्षेत्र में किसी विधान-मंडल या अन्य सक्षम प्राधिकारी द्वारा इस संविधान के प्रारंभ से पहले पारित या बनाई गई विधि है जो पहले ही निरसित नहीं कर दी गई है, चाहे ऐसी कोई विधि या उसका कोई भाग उस समय पूर्णतया या विशिष्ट क्षेत्रों में प्रवर्तन में नहीं है।

4. इस अनुच्छेद की कोई बात अनुच्छेद 368 के अधीन किए गए इस संविधान के किसी संशोधन को लागू नहीं होगी।

समता का अधिकार

14. विधि के समक्ष समता– राज्य, भारत के राज्यक्षेत्र में किसी व्यक्ति को विधि के समक्ष समता से या विधियों के समान संरक्षण से वंचित नहीं करेगा।

15. धर्म मूलवंश, जाति, लिंग या जन्मस्थान के आधार पर विभेद का प्रतिषेध–

1. राज्य, किसी नागरिक के विरुद्ध केवल धर्म, मूलवंश, जाति, लिंग, जन्मस्थान या इनमें से किसी के आधार पर कोई विभेद नहीं करेगा।
2. कोई नागरिक केवल धर्म, मूलवंश, जाति, लिंग, जन्मस्थान या इनमें से किसी के आधार पर–

   (क) दुकानों, सार्वजनिक भोजनालयों, होटलों और सार्वजनिक मनोरंजन के स्थानों में प्रवेश, या

   (ख) पूर्णतः या भागतः राज्य-निधि से पोषित या साधारण जनता के प्रयोग के लिए समर्पित कुओं, तालाबों, स्नानघाटों, सड़कों और सार्वजनिक समागम के स्थानों के उपयोग, के संबध में किसी भी निर्योग्यता, दायित्व, निर्बधन या शर्त के अधीन नहीं होगा।
3. इस अनुच्छेद की कोई बात राज्य को स्त्रियों और बालकों के लिए कोई विशेष उपबंध करने से निवारित नहीं करेगी।
4. इस अनुच्छेद की या अनुच्छेद 29 के खंड (2) की कोई बात राज्य को सामाजिक और शैक्षिक दृष्टि से पिछड़े हुए नागरिकों के किन्हीं वर्गों की उन्नति के लिए या अनुसूचित जातियों और अनुसूचित जनजातियों के लिए कोई विशेष उपबंध करने से निवारित नहीं करेगी।

16. लोक नियोजन के विषय में अवसर की समता

1. राज्य के अधीन किसी पद पर नियोजन या नियुक्ति से संबधित विषयों में सभी नागरिकों के लिए अवसर की समता होगी।

2. राज्य के अधीन किसी नियोजन या पद के संबंध में केवल धर्म, मूलवंश, जाति, लिंग, उद्भव, जन्मस्थान, निवास या इनमें से किसी के आधार पर न तो कोई नागरिक अपात्र होगा और न उससे विभेद किया जाएगा।

3. इस अनुच्छेद की कोई बात संसद को कोई ऐसी विधि बनाने से निवारित नहीं करेगी जो किसी राज्य या संघ राज्यक्षेत्र की सरकार के या उसमें से किसी स्थानीय या अन्य प्राधिकारी के अधीन वाले किसी वर्ग या वर्गों के पद पर नियोजन या नियुक्ति के संबध में ऐसे नियोजन या नियुक्ति से पहले उस राज्य या संघ राज्यक्षेत्र के भीतर निवास विषयक कोई अपेक्षा विहित करती है।

4. इस अनुच्छेद की कोई बात राज्य को पिछड़े हुए नागरिकों के किसी वर्ग के पक्ष में, जिनका प्रतिनिधित्व राज्य की राय में राज्य के अधीन सेवाओं में पर्याप्त नहीं है, नियुक्तियों या पदों के आरक्षण के लिए उपबंध करने से निवारित नहीं करेगी।

5. इस अनुच्छेद की कोई बात किसी ऐसी विधि के प्रवर्तन पर प्रभाव नहीं डालेगी जो यह उपबंध करती है कि किसी धार्मिक या सांप्रदायिक संस्था के कार्यकलाप से संबंधित कोई पदधारी या उसके शासी निकाय का कोई सदस्य किसी विशिष्ट धर्म का मानने वाला या विशिष्ट संप्रदाय का ही हो।

17. अस्पृश्यता का अंत– "अस्पृश्यता" का अंत किया जाता है और उसका किसी भी रूप में आचरण निषिद्ध किया जाता है। "अस्पृश्यता" से उपजी किसी निर्योग्यता को लागू करना अपराध होगा जो विधि के अनुसार दंडनीय होगा।

18. उपधियों का अंत

1. राज्य, सेना या विद्या संबंधी सम्मान के सिवाय और कोई उपाधि प्रदान नहीं करेगा।
2. भारत का कोई नागरिक किसी विदेशी राज्य से कोई उपाधि स्वीकार नहीं करेगा।
3. कोई व्यक्ति, जो भारत का नागरिक नहीं है, राज्य के अधीन लाभ या विश्वास के किसी पद को धारण करते हुए किसी विदेशी राज्य से कोई उपाधि राष्ट्रपति की सहमति के बिना स्वीकार नहीं करेगा।
4. राज्य के अधीन लाभ या विश्वास का पद धारण करने वाला कोई व्यक्ति किसी विदेशी राज्य से या उसके अधीन किसी रूप में कोई भेंट, उपलब्धि या पद राष्ट्रपति की सहमति के बिना स्वीकार नहीं करेगा।

स्वातंत्र्य-अधिकार

19. वाक्-स्वांतत्र्य आदि विषयक कुछ अधिकारों का संरक्षण–

1. सभी नागरिकों को–
   - (क) वाक्-स्वातंत्र्य और अभिव्यक्ति-स्वातंत्र्य का,
   - (ख) शांतिपूर्वक और निरायुध सम्मेलन का,
   - (ग) संगम या संघ बनाने का,
   - (घ) भारत के राज्यक्षेत्र में सर्वत्र अबाध संचरण का,
   - (ड) भारत के राज्यक्षेत्र के किसी भाग में निवास करने और बस जाने का, और
   - (छ) कोई वृत्ति, उपजीविका, व्यापार या कारोंबार करने का,

   अधिकार होगा।
2. खंड (1) के उपखंड (क) की कोई बात उक्त उपखंड द्वारा

दिए गए अधिकार के प्रयोग पर भारत की प्रभुता और अखंडता, राज्य की सुरक्षा, विदेशी राज्यों के साथ मैत्रीपूर्ण संबंधों, लोक व्यवस्था, शिष्टाचार या सदाचार के हितों में अथवा न्यायालय-अवमान, मानहानि या अपराध-उद्दीपन के संबंध में युक्तियुक्त निर्बंधन जहां तक कोई विद्यमान विधि अधिरोपित करती है वहाँ तक उसके प्रवर्तन पर प्रभाव नहीं डालेगी या वैसे निर्बंधन अधिरोपित करने वाली कोई विधि बनाने से राज्य को निवारित नहीं करेगी।

3. उक्त खंड के उपखंड (ख) की कोई बात उक्त उपखंड द्वारा दिए गए अधिकार के प्रयोग पर भारत की प्रभुता और अखंडता या लोक व्यवस्था के हितों में युक्तियुक्त निर्बंधन जहां तक कोई विद्यमान विधि अधिरोपित करती है वहां तक उसके प्रवर्तन पर प्रभाव नहीं डालेगी या वैसे निर्बंधन अधिरोपित करने वाली कोई विधि बनाने से राज्य को निवारित नहीं करेगी।,

4. उक्त खंड के उपखंड (ग) की कोई बात उक्त उपखंड द्वारा दिए गए अधिकार के प्रयोग पर भारत की प्रभुता और अखंडता या लोक व्यवस्था या सदाचार के हितों में युक्तियुक्त निर्बंधन जहां तक कोई विद्यमान विधि अधिरोपित करती है वहां तक उसके प्रवर्तन पर प्रभाव नहीं डालेगी या वैसे निर्बंधन अधिरोपित करने वाली कोई विधि बनाने से राज्य को निवारित नहीं करेगी।

5. उक्त खंड के उपखंड (घ) और उपखंड (ङ) की कोई बात उक्त उपखंडों द्वारा दिए गए अधिकारों के प्रयोग पर साधारण जनता के हितों में या किसी अनुसूचित जनजाति के हितों के संरक्षण के लिए युक्तियुक्त निर्बंधन जहां तक कोई विद्यमान विधि अधिरोपित करती है वहां तक उसके प्रवर्तन पर प्रभाव नहीं डालेगी या वैसे निर्बंधन अधिरोपित करने वाली कोई विधि बनाने से राज्य को निवारित नहीं करेगी।

6. उक्त खंड के उपखंड (छ) की कोई उक्त उपखंड द्वारा दिए गए अधिकार के प्रयोग पर साधारण जनता के हितों में युक्तियुक्त निर्बंधन जहां तक कोई विद्यमान विधि अधिरोपित करती है वहां तक उसके प्रवर्तन पर प्रभाव नहीं डालेगी या वैसे निर्बंधन अधिरोपित करने वाली कोई विधि बनाने से राज्य को निवारित नहीं करेगी और विशिष्टतया उक्त उपखंड की कोई बात–

(1) कोई वृत्ति, उपजीविका, व्यापार या कारोबार करने के लिए आवश्यक वृत्तिक या तकनीकी अर्हताओं से, या

(2) राज्य द्वारा या राज्य के स्वामित्व या नियंत्रण में किसी निगम द्वारा कोई व्यापार, कारबार, उद्योग या सेवा, नागरिकों का पूर्णतः या भागतः अपवर्जन करके या अन्यथा, चलाए जाने से, जहां तक कोई विद्यमान विधि संबंध रखती है वहां तक उसके प्रवर्तन पर प्रभाव नहीं डालेगी या इस प्रकार संबंध रखने वाली कोई विधि बनाने से राज्य को निवारित नहीं करेगी।

20. अपराधों के लिए दोषसिद्धि के संबंध में संरक्षण

1. कोई व्यक्ति किसी अपराध के लिए तब तक सिद्धदोष नहीं ठहराया जाएगा, जब तक कि उसने ऐसा कोई कार्य करने के समय, जो अपराध के रूप में आरोपित है, किसी प्रवृत विधि का अतिक्रमण नहीं किया है या उससे अधिक शास्ति का भागी नहीं होगा जो उस अपराध के किए जाने के समय प्रवृत्त विधि के अधीन अधिरोपित की जा सकती थी।

2. किसी व्यक्ति को एक ही अपराध के लिए एक बार से अधिक अभियोजित और दंडित नहीं किया जाएगा।

3. किसी अपराध के लिए अभियुक्त किसी व्यक्ति को स्वयं अपने विरुद्ध साक्षी होने के लिए बाध्य नहीं किया जाएगा।

21. प्राण और दैहिक स्वतंत्रता का संरक्षण

1. किसी व्यक्ति को जो गिरफ्तार किया गया है, ऐसी गिरफ्तारी के कारणों से यशाशीघ्र अवगत कराए बिना अभिरक्षा में निरुद्ध नहीं रखा जाएगा या अपनी रुचि के विधि व्यवसायी से परामर्श करने और प्रतिरक्षा कराने के अधिकार से वंचित नहीं रखा जाएगा।

2. प्रत्येक व्यक्ति को, जो गिरफ्तार किया गया है और अभिरक्षा में निरुद्ध रखा गया है, गिरफ्तारी के स्थान से मजिस्ट्रेट के न्यायालय तक यात्रा के लिए आवश्यक समय को छोड़कर ऐसी गिरफ्तारी से चौबीस घंटे की अवधि में निकटतम मजिस्ट्रेट के साक्ष पेश किया जाएगा और ऐसे किसी व्यक्ति को मजिस्ट्रेट के प्राधिकार के बिना उक्त अवधि से अधिक अवधि के लिए अभिरक्षा में निरुद्ध नहीं रखा जाएगा।

3. खंड (1) और खंड (2) की कोई बात किसी व्यक्ति को लागू नहीं होगी जो–

   (क) तत्समय शत्रु अन्यदेशीय है; या

   (ख) निवारक निरोध का उपबंध करने वाली कोई विधि के अधीन गिरफ्तार या निरुद्ध किया गया है।

4. निवारक निरोध का उपबंध करने वाली कोई विधि किसी व्यक्ति का तीन मास से अधिक अवधि के लिए तब तक निरुद्ध किया जाना प्राधिकृत नहीं करेगी जब तक कि–

   (क) ऐसे व्यक्तियों से, जो उच्च न्यायालय के न्यायाधीश हैं या न्यायाधीश रहे हैं या न्यायाधीश नियुक्त होने के लिए अर्हित हैं, मिलकर बने सलाहकार बोर्ड ने तीन मास की उक्त अवधि की समाप्त से पहले यह प्रतिवेदन नहीं दिया है कि उसकी राय में ऐसे निरोध के लिए पर्याप्त करण हैं: **"परंतु इस उपखंड की कोई बात किसी व्यक्ति का उस अधिकतम अवधि से**

अधिक अवधि के लिए निरुद्ध किया जाना प्राधिकृत नहीं करेगी जो खंड (7) के उपखंड (ख) के अधीन संसद् द्वारा बनाई गई विधि द्वारा विहित की गई है; या

(ख) ऐसे व्यक्ति को खंड (7) के उपखंड (क) और उपखंड (ख) के अधीन संसद द्वारा बनाई गई विधि के उपबधों के अनुसार निरुद्ध नहीं किया जाता है।

5. निवारक निरोध का उपबंध करने वाली किसी विधि के अधीन किए गए आदेश के अनुसरण में जब किसी व्यक्ति को निरुद्ध किया जाता है तब आदेश करने वाला प्राधिकारी यथाशक्य शीघ्र उस व्यक्ति को यह संसूचित करेगा कि वह आदेश किन आधारों पर किया गया है और उस आदेश के विरूद्ध अभ्यावेदन करने के लिए उसे शीघ्रातिशीघ्र अवसर देगा।

6. खंड (5) की किसी बात से ऐसा आदेश, जो उस खंड में निर्दिष्ट है, करने वाले प्राधिकारी के लिए ऐसे तथ्यों को प्रकट करना आवश्यक नहीं होगा जिन्हें प्रकट करना ऐसा प्राधिकारी लोकहित के विरुद्ध समझता है।

7. संसद विधि द्वारा विहित कर सकेगी कि–

(क) किन परिस्थितियों के अधीन और किस वर्ग या वर्गों के मामलों में किसी व्यक्ति को निवारक निरोध का उपबंध करने वाली किसी विधि के अधीन तीन मास से अधिक अवधि के लिए खंड (4) के उपखंड (क) के उपबंधों के अनुसार सलाहकार बोर्ड की राय प्राप्त किए बिना निरुद्ध किया जा सकेगा;

(ख) किसी वर्ग या वर्गों के मामलों में कितनी अधिकतम अवधि के लिए किसी व्यक्ति को निवारक निरोध का उपबंध करने वाली किसी विधि के अधीन निरुद्ध किया जा सकेगा; और

(ग) खंड (4) के उपखंड (क) के अधीन की जाने वाली जाँच में सलाहकार बोर्ड द्वारा अनुसरण की जाने वाली प्रक्रिया क्या होगी।

शोषण के विरुद्ध अधिकार

23. मानव के दुर्व्यापार और बलात्श्रम का प्रतिषेध–

1. मानव का दुर्व्यापार और बेगार तथा इसी प्रकार का अन्य बलात्श्रम प्रतिषिद्ध किया जाता है और इस उपबंध का कोई भी उल्लंघन अपराध होगा जो विधि के अनुसार दंडनीय होगा।

2. इस अनुच्छेद की कोई बात राज्य को सार्वजनिक प्रयोजनों के लिए अनिवार्य सेवा अधिरोपित करने से निवारित नहीं करेगी। ऐसी सेवा अधिरोपित करने में राज्य केवल धर्म, मूलवंश, जाति या वर्ग या इनमें से किसी के आधार पर कोई विभेद नहीं करेगा।

24. कारखानों आदि में बालकों के नियोजन का प्रतिषेध– चौदह वर्ष से कम आयु के किसी बालक को किसी कारखाने या खान में काम करने के लिए नियोजित नहीं किया जाएगा या किसी अन्य परिसंकटमय नियोजन में नहीं लगाया जाएगा।

धर्म की स्वतंत्रता का अधिकार

25. अंतःकरण की और धर्म के अबाध रूप से मानने, आचरण और प्रचार करने की स्वतंत्रता

1. लोकव्यवस्था, सदाचार और स्वास्थ्य तथा इस भाग के अन्य उपबंधों के अधीन रहते हुए, सभी व्यक्तियों को अंतःकरण की स्वतंत्रता का और धर्म के अबाध रूप से मानने, आचरण करने और प्रचार करने का समान हक होगा।

2. इस अनुच्छेद की कोई बात किसी ऐसी विद्यमान विधि के प्रवर्तन पर प्रभाव नहीं डालेगी या राज्य को कोई ऐसी विधि बनाने से निवारित नहीं करेगी जो–

(क) धार्मिक आचरण से संबद्ध किसी आर्थिक, वित्तीय, राजनैतिक या अन्य लौकिक क्रियाकलाप का विनियमन या निर्बंधन करती है;

(ख) सामाजिक कल्याण और सुधार के लिए या सार्वजनिक प्रकार की हिंदुओं की धार्मिक संस्थाओं को हिंदुओं के सभी वर्गों और अनुभागों के लिए खोलने का उपबंध करती है।

स्पष्टीकरण 1- कृपाण धारण करना और लेकर चलना सिक्ख धर्म के मानने का अंग समझा जाएगा।

स्पष्टीकरण 2- खंड (2) के उपखंड (ख) में हिन्दुओं के प्रति निर्देश का यह अर्थ लगाया जाएगा कि उसके अंतर्गत सिक्ख, जैन या बौद्ध धर्म के मानने वाले व्यक्तियों के प्रति निर्देश है और हिंदुओं की धार्मिक संस्थाओं के प्रति निर्देश का अर्थ तदनुसार लगाया जाएगा।

26. **धार्मिक कार्यों के प्रबंध की स्वतंत्रता**- लोक व्यवस्था, सदाचार और स्वास्थ्य के अधीन रहते हुए, प्रत्येक धार्मिक संप्रदाय या उसके किसी अनुभाग को-

(क) धार्मिक और पूर्त प्रयोजनों के लिए संस्थाओं की स्थापना और पोषण का,

(ख) अपने धर्म विषयक कार्यों का प्रबंध करने का,

(ग) जंगम और स्थावर संपत्ति के अर्जन और स्वामित्व का, और

(घ) ऐसी संपत्ति का विधि के अनुसार प्रशासन करने का, अधिकार होगा।

27. **किसी विशिष्ट धर्म की अभिवृद्धि के लिए करों के संदाय के बारे में स्वतंत्रता**- किसी भी व्यक्ति को ऐसे करों का

संदाय करने के लिए बाध्य नहीं किया जाएगा जिनके आगम किसी विशिष्ट धर्म या धार्मिक संप्रदाय की अभिवृद्धि या पोषण में व्यय करने के लिए विनिर्दिष्ट रूप से तिनियोजित किए जाते हैं।

28. कुछ शिक्षा संस्थाओं में धार्मिक शिक्षा या धार्मिक उपासना में उपस्थित होने के बारे में स्वतंत्रता–

1. राज्य-निधि से पूर्णतः पोषित किसी शिक्षा संस्था में कोई धार्मिक शिक्षा नहीं दी जाएगी।
2. खंड (1) की कोई बात ऐसी शिक्षा संस्था को लागू नहीं होगी जिसका प्रशासन राज्य करता है किंतु जो किसी ऐसे विन्यास या न्याय के अधीन स्थापित हुई है जिसके अनुसार उस संस्था में धार्मिक शिक्षा देना आवश्यक है।
3. राज्य से मान्यता प्राप्त या राज्य-निधि से सहायता पाने वाली शिक्षा संस्था में उपस्थित होने वाले किसी व्यक्ति को ऐसी संस्था में या उससे संलग्न स्थान में की जाने वाली धार्मिक उपासना में उपस्थित होने के लिए तब तक बाध्य नहीं किया जाएगा जब तक कि उस व्यक्ति ने, या यदि वह अवयस्क है तो उसके संरक्षक ने, इसके लिए अपनी सहमति नहीं दे दी है।

संस्कृति और शिक्षा संबंधी अधिकार

29. अल्पसंख्यक-वर्गों के हितों का संरक्षण

1. भारत के राज्यक्षेत्र या उसके किसी भाग के निवासी नागरिकों के किसी अनुभाग को, जिसकी अपनी विशेष भाषा, लिपि या संस्कृति है, उसे बनाए रखने का अधिकार होगा।
2. राज्य द्वारा पोषित या राज्य-निधि से सहायता पाने वाली किसी शिक्षा संस्था में प्रवेश से किसी भी नागरिक को केवल धर्म, मूलवंश, जाति, भाषा या इनमें से किसी के आधार पर वंचित नहीं किया जाएगा।

30. शिक्षा संस्थाओं की स्थापना और प्रशासन करने का अल्पसंख्यक- वर्गों का अधिकार–1. धर्म या भाषा पर आधारित सभी अल्पसंख्यक-वर्गों को अपनी रुचि की शिक्षा संस्थाओं की स्थापना और प्रशासन का अधिकार होगा।

1. (क) खंड (1) में निर्दिष्ट किसी अल्पसंख्यक-वर्ग द्वारा स्थापित और प्रशासित शिक्षा संस्था की संपत्ति के अनिवार्य अर्जन के लिए उपबंध करने वाली विधि बनाते समय, राज्य यह सुनिश्चित करेगा कि ऐसी संपत्ति के अर्जन के लिए ऐसी विधि द्वारा नियत या उसके अधीन अवधारित रकम इतनी हो कि उस खंड के अधीन प्रत्याभूत अधिकार निर्बंधित या निराकृत न हो जाए।
2. शिक्षा संस्थाओं को सहायता देने में राज्य किसी शिक्षा संस्था के विरुद्ध इस आधार पर विभेद नहीं करेगा कि वह धर्म या भाषा पर आधारित किसी अल्पसंख्यक-वर्ग के प्रबंध में है।

संविधानिक उपचारों का अधिकार

32. इस भाग द्वारा प्रदत्त अधिकारों को प्रवर्तित कराने के लिए उपचार–

1. इस भाग द्वारा प्रदत्त अधिकारों को प्रवर्तित कराने के लिए समुचित कार्यवाहियों द्वारा उच्चतम न्यायालय में समावेदन करने का अधिकार प्रत्याभूत किया जाता है।
2. इस भाग द्वारा प्रदत्त आधिकारों में से किसी को प्रवर्तित कराने के लिए उच्चतम न्यायालय को ऐसे निदेश या आदेश या रिट, जिनके अंतर्गत बंदी प्रत्यक्षीकरण, परमादेश, प्रतिषेध, अधिकार-पृच्छा और उत्प्रेषण रिट हैं, जो भी समुचित हो, निकालने की शक्ति होगी।
3. उच्चतम न्यायालय को खंड (1) और खंड (2) द्वारा प्रदत्त शक्तियों पर प्रतिकूल प्रभाव डाले बिना, संसद, उच्चतम न्यायालय द्वारा खंड (2) के अधीन प्रयोक्तव्य किन्हीं या सभी शक्तियों

का किसी अन्य न्यायालय को अपनी अधिकारिता की स्थानीय सीमाओं के भीतर प्रयोग करने के लिए विधि द्वारा सशक्त कर सकेगी।

4. इस संविधान द्वारा अन्यथा उपबंधित के सिवाय, इस अनुच्छेद द्वारा प्रत्याभूत अधिकार निलंबित नहीं किया जाएगा।

इस प्रकार हम देखते हैं कि भारत के संविधान में देश के सभी नागरिकों को कई मौलिक अधिकार दिए गए हैं जिनमें से कुछ मानवीय कानून और मानव अधिकारों पर किसी भी प्रकार के विचार-विमर्श के लिए संगत है। जहां तक पुलिस कार्मिकों का सवाल है, उन्हें कुछ अनुच्छेदों का खासतौर पर ज्ञान होना चाहिए और उन्हें इनकी पालन करना चाहिए जैसे संविधान के अनुच्छेद 14 में यह घोषणा की गई है कि राज्य कानून की दृष्टि से किसी भी व्यक्ति को समानता के अधिकार से या भारत भूमि के भीतर कानून के समान संरक्षण से वंचित नहीं करेगा। अनुच्छेद 20 में यह कहा गया है कि किसी व्यक्ति को एक अपराध के लिए एक बार से अधिक अभियोजित या दंडित नहीं किया जाएगा। इसी अनुच्छेद में और आगे लिखा है कि किसी अपराध के लिए दोषी व्यक्ति को स्वयं के विरुद्ध गवाही के लिए मजबूर नहीं किया जाएगा। संविधान के अनुच्छेद 21 में कहा गया है कि किसी भी व्यक्ति को विधि द्वारा स्थापित प्रक्रिया के अलावा उसके प्राण या दैहिक स्वतंत्रता से वंचित नहीं रखा जाएगा। अनुच्छेद 22 में कहा गया है कि किसी व्यक्ति को, जो गिरफ्तार किया गया है, ऐसी गिरफ्तारी के कारणों से यथाशीघ्र अवगत कराये बिना हिरासत में नहीं रखा जाएगा और न ही उसे उसकी पसंद के वकील द्वारा उसके पक्ष में बोलने और उसकी सलाह लेने के अधिकार से वंचित रखा जाएगा। इस अनुच्छेद में और आगे कहा गया है कि गिरफ्तारी के 24 घंटों के भीतर नज़दीकी मैजिस्ट्रेट के समक्ष प्रस्तुत किया जाएगा और मैजिस्ट्रेट के प्राधिकार के बिना ऐसे व्यक्ति को निश्चित समय से ज्यादा हिरासत में नहीं रखा जाएगा।

पुलिस को यह जानना भी जरूरी है कि अनुच्छेद 32 के मुताबिक प्रत्येक नागरिक को यह हक है कि वह अपने मूल अधिकारों की रक्षा के लिए न्यायालय में जा सकता है। इसलिए पुलिस को अपना काम ध्यानपूर्वक करना चाहिए।

इसी प्रकार, हमारे संविधान के भाग-4 में राज्य की नीति के निदेशक तत्व दिये गये हैं जो किसी न्यायालय द्वारा प्रवर्तनीय नहीं हैं किन्तु फिर भी इनमें अधिकाधिक तत्त्व देश के शासन में मूलभूत हैं और विधि बनाने में इन तत्त्वों को लागू करना राज्य का कर्त्तव्य है। ये अनुच्छेदवार इस प्रकार है :

राज्य की नीति के निदेशक तत्त्व

36. परिभाषा–इस भाग में, जब तक कि संदर्भ में अन्यथा अपेक्षित न हो, "राज्य" का वही अर्थ है जो भाग 3 में है।

37. इस भाग में अंतर्विष्ट का लागू होना–इस भाग में अंतर्विष्ट उपबंध किसी न्यायालय द्वारा प्रवर्तनीय नहीं होंगे किन्तु फिर भी इनमें अधिकाधिक तत्त्व देश के शासन में मूलभूत हैं और विधि बनाने में इन तत्त्वों को लागू करना राज्य का कर्त्तव्य होगा।

38. राज्य लोक कल्याण की अभिवृद्धि के लिए सामाजिक व्यवस्था बनाएगा–

1. राज्य ऐसी सामाजिक व्यवस्था की, जिसमें सामाजिक, आर्थिक और राजनैतिक न्याय राष्ट्रीय जीवन की सभी संस्थाओं को अनुप्राणित करे, भरसक प्रभावी रूप में स्थापना और संरक्षण करके लोक कल्याण की अभिवृद्धि का प्रयास करेगा।
2. राज्य, विशिष्टतया, आय की असमानताओं को कम करने का प्रयास करेगा ओंर विभिन्न-व्यवसायों में लगे हुए लोगों के समूहों के बीच भी प्रतिष्ठा, सुविधाओं और अवसरों की असमानता समाप्त करने का प्रयास करेगा।

39. राज्य द्वारा अनुसरणीय कुछ नीति तत्त्व– राज्य अपनी नीति का, विशिष्टया, इस प्रकार संचालन करेगा कि सुनिश्चित रूप से–

(क) पुरुष और स्त्री सभी नागरिकों को समान रूप से जीविका के पर्याप्त साधन प्राप्त करने का अधिकार हो;

(ख) समुदाय के भौतिक संसाधनों का स्वामित्व और नियंत्रण इस प्रकार बंटा हो जिससें सामूहिक हित का सर्वोत्तम रूप से साधन हो;

(ग) आर्थिक व्यवस्था इस प्रकार चले जिससे धन और उत्पादन-साधनों का सर्वसाधारण के लिए अहितकारी संकेंद्रण न हो;

(घ) पुरुषों और स्त्रियों दोनों का समान कार्य के लिए समान वेतन हो;

(ङ) पुरुष और स्त्री कर्मकारों के स्वास्थ्य और शक्ति का तथा बालकों की सुकुमार अवस्था का दुरुपयोग न हो और आर्थिक आवश्यकता से विवश होकर नागरिकों को ऐसे रोजगारों में न जाना पड़े जो उनकी आयु या शक्ति के अनुकूल न हों;

(च) बालकों को स्वतंत्र और गरिमामय वातावरण में स्वस्थ विकास के अवसर और सुविधाएँ दी जाएं और बालकों और अल्पवय व्यक्तियों की शोषण से तथा नैतिक और आर्थिक परित्याग से रक्षा की जाए।

39. क. समान न्याय और निःशुल्क विधिक सहायता–राज्य यह सुनिश्चित करेगा कि विधिक तंत्र इस प्रकार काम करे कि समान अवसर के आधार पर न्याय सुलभ हो और वह, विशिष्टतया, यह सुनिश्चित करने के लिए कि आर्थिक या

किसी अन्य निर्योग्यता के कारण कोई नागरिक न्याय प्राप्त करने के अवसर से वंचित न रह जाए, उपयुक्त विधान या स्कीम द्वारा या किसी अन्य रीति से निःशुल्क विधिक सहायता की व्यवस्था करेगा।

40. **ग्राम पंचायतों का संगठन**– राज्य ग्राम पंचायतों का संगठन करने के लिए कदम उठाएगा और उनको ऐसी शक्तियाँ और प्राधिकार प्रदान करेगा जो उन्हें स्वायत्त शासन की इकाइयों के रूप में कार्य करने योग्य बनाने के लिए आवश्यक हों।

41. **कुछ दशाओं में काम, शिक्षा और लोक सहायता पाने का अधिकार**–राज्य अपनी आर्थिक सामर्थ्य और विकास की सीमाओं के भीतर, काम पाने के, शिक्षा पाने के और बेकारी, बुढ़ापा, बीमारी और निःशक्तता तथा अन्य अनर्ह अभाव की दशाओं में लोक सहायता पाने के अधिकार को प्राप्त कराने का प्रभावी उपबंध करेगा।

42. **काम की न्यायसंगत और मानवोचित दशाओं का तथा प्रसूति सहायता का उपबंध**–राज्य काम की न्यायसंगत और मानवोचित दशाओं को सुनिश्चित करने के लिए और प्रसूति सहायता के लिए उपबंध करेगा।

43. **कर्मकारों के लिए निर्वाह मजदूरी आदि**–राज्य, उपयुक्त विधान या आर्थिक संगठन द्वारा या किसी अन्य रीति से कृषि के, उद्योग के या अन्य प्रकार के सभी कर्मकारों को काम, निर्वाह मजदूरी, शिष्ट जीवनस्तर और अवकाश का संपूर्ण उपभोग सुनिश्चित करने वाली काम की दशाएं तथा सामाजिक और सांस्कृतिक अवसर प्राप्त करने का प्रयास करेगा और विशिष्टतया ग्रामों में कुटीर उद्योगों को वैयक्तिक या सहकारी आधार पर बढ़ाने का प्रयास करेगा।

43. **क. उद्योगों के प्रबंध में कर्मकारों का भाग लेना**–राज्य किसी उद्योग में लगे हुए उपक्रमों, स्थापनों या अन्य संगठनों के प्रबंध में कर्मकारों का भाग लेना सुनिश्चित करने के लिए विधान द्वारा या किसी अन्य रीति से कदम उठाएगा।

44. **नागरिकों के लिए एक समान सिविल संहिता**–राज्य, भारत के समस्त राज्यक्षेत्र में नागरिकों के लिए एक समान सिविल संहिता प्राप्त करने का प्रयास करेगा।

45. **बालकों के लिए निःशुल्क और अनिवार्य शिक्षा का उपबंध**–राज्य, इस संविधान के प्रारंभ से दस वर्ष की अवधि के भीतर सभी बालकों को चौदह वर्ष की आयु पूरी करने तक निःशुल्क और अनिवार्य शिक्षा देने के लिए उपबंध करने का प्रयास करेगा।

46. **अनुसूचित जातियों, अनुसूचित जनजातियों और अन्य दुर्बल वर्गों के शिक्षा और अर्थ संबंधी हितों की अभिवृद्धि**–राज्य, जनता के दुर्बल वर्गों के, विशिष्टतया, अनुसूचित जातियों और अनुसूचित जनजातियों के शिक्षा और अर्थ संबंधी हितों की विशेष सावधानी से अभिवृद्धि करेगा और सामाजिक अन्याय और सभी प्रकार सामाजिक अन्याय और सभी प्रकार के शोषण से उनकी संरक्षा करेगा।

47. **पोषाहार स्तर और जीवन स्तर को ऊँचा करने तथा लोक स्वास्थ्य का सुधार करने का राज्य का कर्त्तव्य**– राज्य, अपने लोगों के पोषाहार स्तर और जीवन स्तर को ऊँचा करने और लोक स्वास्थ्य के सुधार को अपने प्राथमिक कर्त्तव्यों में मानेगा और राज्य, विशिष्टता, मादक पेयों और स्वास्थ्य के लिए हानिकर औषधियों के, औषधीय प्रयोजनों से भिन्न, उपभोग का प्रतिषेध करने का प्रयास करेगा।

48. **कृषि और पशुपालन का संगठन**–राज्य, कृषि और पशुपालन को आधुनिक और वैज्ञानिक प्रणालियों से संगठित करने का

प्रयास करेगा। और विशिष्टतया गायों और बछड़ों तथा अन्य दुधारू और वाहक पशुओं की नस्लों के परिरक्षण ओर सुधार के लिए और उनके वध का प्रतिषेध करने के लिए कदम उठाएगा।

48. **क. पर्यावरण का संरक्षण तथा संवर्धन और वन तथा वन्य जीवों की रक्षा**–राज्य, देश के पर्यावरण के संरक्षण तथा संवर्धन का और वन तथा वन्य जीवों की रक्षा करने का प्रयास करेगा।

49. **राष्ट्रीय महत्त्व के संस्मारकों, स्थानों और वस्तुओं का संरक्षण**–संसद द्वारा बनाई गई विधि या उसके अधीन राष्ट्रीय महत्त्व वाले घोषित किए गए कलात्मक या ऐतिहासिक अभिरुचि वाले प्रत्येक संस्मारक या स्थान या वस्तु का, यथास्थिति, लुंठन, विरूपण, विनाश, अपसारण, व्ययन या निर्यात से संरक्षण करना राज्य की बाध्यता होगी।

50. **कार्यपालिका से न्यायपालिका का पृथक्करण**–राज्य की लोक सेवाओं में, न्यायपालिका को कार्यपालिका से पृथक् करने के लिए राज्य कदम उठाएगा।

51. **अंतर्राष्ट्रीय शांति और सुरक्षा की अभिवृद्धि**–राज्य–

(क) अंतर्राष्ट्रीय शांत्रि और सुरक्षा की अभिवृद्धि का,

(ख) राष्ट्र के बीच न्यायसंगत और सम्मानपूर्ण संबंधों को बनाए रखने का,

(ग) संगठित लोगों के एक-दूसरे से व्यवहारों में अंतर्राष्ट्रीय विधि और संधि-बाध्यताओं के प्रति आदर बढ़ाने का, और

(घ) अंतर्राष्ट्रीय विवादों के मध्यस्थ द्वारा निपटारे के लिए प्रोत्साहन देने का, प्रयास करेगा।

विधिक प्रावधान

भारत के संविधान में दिये गये मूल अधिकारों की पालना के लिए कई कानून भी बने हैं। जहां तक पुलिस का ताल्लुक है भारतीय दंड संहिता और दंड प्रक्रिया संहिता मुख्य रूप से इस संगठन के काम करने के बारे में बनाये गये हैं। उदाहरण के तौर पर पुलिस अधिकारियों को गिरफ्तारी करने की शक्ति दी जाती है। परन्तु यह शक्ति सम्पूर्ण न्यायिक नहीं होती है। उन्हें वारंट के बिना गिरफ्तारी करने का अधिकार होता है लेकिन जिन परिस्थितियों में यह की जाती है वे दंड प्रकिया संहिता की धारा 41 में निर्धारित की गई हैं। फिर धारा 46 गिरफ्तार किए जाने वाले व्यक्ति को पकड़ने अथवा बंदी बनाने के लिए पुलिस अधिकारी को उसी समय अधिकार देती है अगर वह अपने आप पुलिस हिरासत के लिए पेश नहीं होता है। ऐसा उसी समय होता है जब व्यक्ति गिरफ्तार होने से बचने के लिए बलात् प्रतिरोध करने का अथवा गिरफ्तारी से बचने का प्रयास करता है। तब पुलिस अधिकारी गिरफ्तारी को प्रभावित करने के लिए सभी आवश्यक साधनों का प्रयोग कर सकता है। "गिरफ्तारी प्रभावित करने के लिए सभी आवश्यक साधनों" की अभिव्यक्ति में गिरफ्तारी की शक्ति की सीमाएं भी दी होती हैं। वह "बल प्रयोग" जो स्थिति की आवश्यकताओं के मुकाबले ज्यादा होता है, गलत माना जाता है।

दंड प्रक्रिया संहिता की धारा 49 सुनिश्चित करती है कि व्यक्ति के गिरफ्तार हो जाने के बाद उसके निकल भागने को रोकने के लिए जितना आवश्यक हो उतना ही बल प्रयोग किया जाएगा। उससे अधिक बल प्रयोग नहीं किया जाएगा। धारा 50 के अनुसार, गिरफ्तार किए गए व्यक्ति को उसकी गिरफ्तारी का कारण बताना पड़ता है और गैर-जमानती मामलों में उसकी जमानत के अधिकार के बारे में भी बताना पड़ता है।

न्यायिक अथवा अनुचित तलाशियों और जब्तियों को दंड प्रक्रिया संहिता की धारा 47, 51 और 100 में विहित प्रावधानों द्वारा सुरक्षित रखा गया है। यद्यपि धारा 47 पुलिस अधिकारी को किसी ऐसे स्थान अथवा

इमारत में प्रवेश करने का अधिकार देती है जहां किसी संज्ञेय अपराध में संलिप्त वांछित व्यक्ति के छिपे होने का संदेह हो, फिर भी पुलिस अधिकारी उसके अन्दर दरवाजा तोड़कर अथवा बलात् तभी जा सकता है जब उसे तलाशी करने के अवसर नहीं दिए जाते हैं। पुलिस अधिकारी को गिरफ्तार किए गए व्यक्ति की तलाशी लेने तथा वस्तुऐं जब्त करने की शक्ति होती है लेकिन धारा 51 में अपेक्षित है कि गिरफ्तार किए गए व्यक्ति को उससे जब्त की गयी वस्तुओं की रसीद दी जाए। कानून की इस धारा में यह भी अपेक्षित है कि जब कभी भी किसी महिला की तलाशी ली जाए तो उसकी तलाशी शिष्टाचार को ध्यान में रखते हुए महिला अधिकारी द्वारा ही की जाएगी।

यातना देने के संबंध में बहुत से प्रावधान हैं। दंड प्रक्रिया संहिता की धारा 54, गिरफ्तार किए गए व्यक्ति को अपनी चिकित्सीय जाँच करवाने का अधिकारी देती है। जब उस व्यक्ति द्वारा किसी भी अपराध का किया जाना डाक्टरी जाँच से असत्य सिद्ध हो सके, अथवा उसके शरीर के खिलाफ किसी अन्य व्यक्ति द्वारा अपराध स्थापित हो सके तो वह किसी डाक्टर से अपनी जाँच करवाने के लिए मजिस्ट्रेट से अनुरोध कर सकता है।

दंड प्रक्रिया संहिता की धाराएं 161 तथा 162 पुलिस द्वारा गवाहों की जांच के लिए, उनके बयानों को रिकार्ड करने और उनके प्रयोग करने के बारे में हैं। धारा 161 के तहत पुलिस द्वारा जाँच के अधीन व्यक्ति को भी प्रश्नों के सत्य-सत्य जवाब देने होते हैं उन जवाबों को छोड़कर, जिनसे उसका अपराध स्पष्ट होता हो, अथवा दंड का भागी बनता हो या समपहरण बनता हो! धारा 162 के अनुसार पुलिस अधिकारी द्वारा रिकार्ड किया गया गवाह का कोई भी बयान न्यायालय के समक्ष गवाह के बयान को गलत साबित करने के अलावा किसी और उद्देश्य के लिए प्रयोग नहीं किया जा सकता है। इस धारा के तहत बयान देने वाले व्यक्ति से बयान पर पुलिस अधिकारी द्वारा उसके हस्ताक्षर लेने को भी निषिद्ध किया गया है। भारतीय साक्ष्य अधिनियम

की धारा 25 ने पुलिस के समक्ष की गई अपराध की स्वीकृति को साक्ष्य में अस्वीकार्य बना दिया है। दंड प्रक्रिया संहिता की धारा 164 के अनुसार अपराध संस्वीकृति करते समय मैजिस्ट्रेट यह सुनिश्चित करें कि अपराध संस्वीकृति स्वैच्छिक हो।

इसके अतिरिक्त, जबरदस्ती अपराध संस्वीकृति करने के लिए अथवा अन्य उद्देश्यों के लिए तृतीय श्रेणी (यातना) के तरीकों का प्रयोग, भारतीय दंड संहिता की धारा 330 और धारा 331 के तहत दंडनीय अपराध है। धारा 331 के अनुसार जो कोई भी जबरदस्ती अपराध संस्वीकृति के उद्देश्य से अथवा किसी सूचना के लिए जिससे किसी अपराध की पता चल सकता है, या किसी संपत्ति का प्रत्यावर्तन करने के लिए कथित अपराधी को जानबूझकर गंभीर चोट पहुँचायेगा उसे दस वर्ष तक की कैद हो सकती है और जुर्माना भी देय होगा।

पुलिस हिरासत में मौत के मामले में, दंड प्रक्रिया संहिता की धारा 176 के तहत मृत्यु के कारणों की मैजिस्ट्रेट द्वारा जाँच आवश्यक होती है। इस प्रकार की जाँच करते समय, मैजिस्ट्रेट जहाँ कहीं भी व्यवहार्य हो, मृत व्यक्ति के संबंधियों को सूचना देगा और जाँच के दौरान उन्हें वहीं उपस्थिति रहने देगा।

पुलिस मैनुअल

कानून के अलावा विभिन्न राज्यों/संघ शासित क्षेत्रों/केन्द्रीय पुलिस संगठनों के पुलिस मैनुअलों में, गिरफ्तारी करते समय, संदिग्ध व्यक्तियों से पूछताछ करते समय, तलाशी लेते हुए, माल जब्त करते समय मामले की किसी भी स्थिति में जाँच करते समय अथवा, कानून तथा व्यवस्था की गड़बड़ियों से निपटने के संबंध में विस्तृत अनुदेश/निर्देश दिए गए हैं। इन निर्देशों का पालन न करने वाले पुलिसकर्मियों के खिलाफ विभागीय कार्यवाही की जाती है। इसी तरह यदि किसी उद्देश्य के लिए शक्ति का अर्धमज प्रयोग किया जाता है तो मामले की परिस्थितियों की तत्काल जांच करना इन निर्देशों के अनुसार आवश्यक होता है। यदि

शक्ति का अत्यधिक अथवा अधर्मज प्रयोग का कोई प्रथमदृष्टया प्रमाण पाया जाता है, तो अपराधी अधिकारी को कठोर दण्ड दिया जा सकता है।

इसके अलावा और भी कई कानून कमजोर और पिछड़े वर्गों के अधिकारों की रक्षा के लिए बनाये गये हैं। कानूनों के अलावा कई प्रकार के निर्देश/आदेश भी सरकार की तरफ से जारी होते रहते हैं

पिछले कुछ सालों में तो मानवाधिकारों की रक्षा के लिए भारत में कई प्रकार के आयोगों का भी गठन किया गया है जिनका जिक्र हम आगे करेंगे

आतंकवाद से निपटने के लिए पहले 'टाडा' आतंकवादी तथा विध्वसंकारी कार्यकलाप अधिनियम कानून था। इसको हटा दिया गया क्योंकि काफी लोग इसका विरोध कर रहे थे। यह भी कहा गया कि इसका इस्तेमाल राजनीतिक विरोधियों पर किया जा रहा था और कई ऐसे मामलों में भी जो उस कानून के दायरे में नहीं आते थे।

अभी 4 मार्च 2002 में एक नया कानून 'पोटा' बनाया किया गया है जिसके प्रावधानों से कई लोग खुश नहीं हैं। उनका मानना है कि यह कानून आतंकवाद से निपटने के लिए सक्षम नहीं हैं।

जब अमरीका, इंग्लैंड जैसे देश आजकल आतंकवाद से निपटने के लिए सख़्त से सख़्त कानून बना रहे हैं तो हमें भी इस मामले में हिचकिचाना नहीं चाहिए।

5

राष्ट्रीय मानव अधिकार आयोग

धीरे-धीरे हमारे देश में मानव अधिकारों के प्रति लोग खूब सजग हो रहे हैं पिछले करीब 10 सालों में तो यह देश का एक मुख्य मुद्दा बन गया है। इसके कई कारण हैं जिनमें कुछ मुख्य नीचे दिये गये हैं–

1. अन्तर्राष्ट्रीय स्तर पर मानव अधिकारों को प्रति चेतना। उदाहरण के तौर पर जो कुछ आतंकवादियों ने या अमरीका और इंग्लैंड की सरकारों ने इराक में किया या कर रहे हैं उससे दुनियो भर में मानव अधिकारों के बारे खूब चर्चा हो रही है।
2. भारत में टी.वी. चैनलों की भरमार
3. हमारे देश में अखबारों और मैगज़िनों में बढ़ोत्तरी
4. देश में साक्षरता का ऊपर उठता स्तर
5. न्यायालयों की मानव अधिकारों के प्रति जागरूकता
6. मानव अधिकारों की रक्षा के लिए कई अन्तर्राष्ट्रीय और राष्ट्रीय स्तर में गैर सरकारी संगठन
7. केन्द्रीय सरकार और राज्य सरकारों की चेतना
8. सेना पुलिस बलों और दूसरे विभागों में सकारात्मक रवैया।

दुनिया के कई देशों में सरकारी स्तर पर मानव अधिकार आयोग हैं। भारत सरकार ने भी इस मामले में पहल की और अक्टूबर 1993 में राष्ट्रीय मानव अधिकार आयोग का गठन किया जिसका मुख्यालय आज कल फरीदकोट हाऊस, इंडिया गेट के पास, नई दिल्ली में स्थित है। इसके गठन के लिए मानव अधिकार संरक्षण अधिनियम 1993 पास किया गया जो परिशिष्ट 'ख' में विस्तार से दिया गया है। यह आयोग मानव अधिकारों के संरक्षण और संवर्धन के बारे में भारत की चिंता का साकार रूप है। पिछले 12 वर्षों में इस आयोग ने बहुत ही महत्त्वपूर्ण कार्य किया है। इसका अंदाजा इसी से लगाया जा सकता है 1993 से 2003 तक के दस सालों में इसने 3,78, 758 के केस दर्ज किये जो 1993-94 में सिर्फ 496 थे। इसका कार्य और साख दिन-प्रतिदिन बढ़ती जा रही है। जो हमारे लिए गर्व का विषय है। अब ज़रा अधिनियम और आयोग के कुछ कार्यों पर नज़र डालें।

मानव अधिकारों की परिभाषा

मानव अधिकार संरक्षण अधिनियम, 1993 की धारा 2 के अनुसार "मानव अधिकारों" से तात्पर्य संविधान द्वारा प्रत्याभूत अथवा अंतर्राष्ट्रीय प्रसंविदाओं में व्यक्त उन अधिकारों से है जो जीवन, स्वतंत्रता, समानता एवं प्रत्येक व्यक्ति की गरिमा से संबंधित तथा भारत में न्यायालयों द्वारा प्रवर्तनीय है।

अधिनियम के अन्तर्गत आयोग के कार्य

आयोग निम्नलिखित सभी कार्यों अथवा उनमें से किसी एक कार्य का निष्पादन करेगा, यथा :

(क) अपनी ओर से स्वयं अथवा पीड़ित व्यक्ति द्वारा अथवा उसकी ओर से किसी अन्य व्यक्ति द्वारा प्रार्थना पत्र देकर यह शिकायत करने पर कि–

सरकारी कर्मचारी द्वारा–

(1) मानव अधिकारों का हनन किया गया है अथवा ऐसा करने के लिए उकसाया गया है, अथवा

(2) ऐसा हनन रोकने की अपेक्षा की है

(ख) किसी न्यायालय में विचाराधीन मानव अधिकारों के हनन के मामले में संबंधित न्यायालय के अनुमोदन से ऐसे मामले की किसी कार्यवाही में हस्तक्षेप करना;

(ग) राज्य सरकार को सूचित करके किसी जेल अथवा राज्य सरकार के नियंत्रणाधीन में किसी ऐसे संस्थान का, जहाँ लोगों को चिकित्सा, सुधार अथवा सुरक्षा हेतु निरुद्ध रखा अथवा ठहराया जाता है, वहाँ के अंत:वासियों की आवासीय दशाओं के अध्ययनार्थ दौरा करना और उनके बारे में अपने सुझाव देना;

(घ) संविधान अथवा कुछ समय के लिए लागू किसी कानून द्वारा अथवा उसके अन्तर्गत मानव अधिकारों के संरक्षण के लिए प्रदत्त रक्षा-उपायों की समीक्षा करना और उनके प्रभावी कार्यान्वयन के उपायों की सिफारिश करना;

(च) आतंकवाद की कार्रवाइयों सहित ऐसे कारकों की समीक्षा करना जो मानव अधिकारों का उपभोग करने में बाधा डालते हैं तथा समुचित उपचारात्मक उपायों की सिफारिश करना;

(छ) मानव अधिकार विषयक संधियों तथा अन्य अंतर्राष्ट्रीय प्रपत्रों का अध्ययन करना एवं उनके प्रभावी कार्यान्वयन की अनुशंसा करना;

(ज) मानव अधिकारों से संबंधित अनुसंधान कार्य को अपने हाथ में लेना और उसे बढ़ावा देना;

(झ) समाज के विभिन्न वर्गों में मानव अधिकार संबंधी का प्रसार करना तथा प्रकाशनों, संचार माध्यमों एवं संगोष्ठियों और अन्य उपलब्ध साधनों द्वारा इनके संरक्षण हेतु प्राप्त रक्षा-उपायों के प्रति जागरूकता में वृद्धि करना;

(ट) मानव अधिकारों के क्षेत्र में कार्यरत गैर-सरकारी संगठनों तथा संस्थाओं के प्रयासों को प्रोत्साहन देना;

(ठ) मानव अधिकारों के संवर्धन के लिए आवश्यक समझे गए इसी प्रकार के अन्य कार्य करना।

आयोग को पूछताछ से संबंधित अधिकार

अधिनियम के अन्तर्गत शिकायतों की जांच करते समय, आयोग को सिविल प्रक्रिया संहिता, 1908 के अन्तर्गत मुकदमे की सुनवाई कर रहे सिविल न्यायालय के सभी अधिकार हैं और यह विशेष रूप से निम्नलिखित मामलों के संबंध में कार्रवाई कर सकता है:

(क) गवाहों को सम्मन भेजना तथा उनकी उपस्थिति को सुनिश्चित करना और शपथ पर उनके बयान लेना;

(ख) किसी भी दस्तावेज की खोज करना तथा उसे पेश करना;

(घ) गवाहों अथवा दस्तावेजों की जांच के लिए अधिकार-पत्र जारी करना;

(च) निर्धारित किया गया कोई अन्य मामला;

अन्वेषण टीम

आयोग में मानव अधिकारों की शिकायतों की जाँच करने के लिए पुलिस महानिदेशक के नेतृत्त्व में अपने अन्वेषण कर्मचारी हैं। अधिनियम के अन्तर्गत, आयोग केन्द्र सरकार अथवा किसी राज्य सरकार के किसी अधिकारी अथवा अन्वेषण अभिकरण की सेवाओं का उपयोग कर सकता है। आयोग ने कई मामलों के अन्वेषण कार्य में गैर-सरकारी संगठनों का सहयोग लिया है।

आयोग की स्वतंत्रता

आयोग को स्वायत्तता, अन्य बातों के साथ-साथ, इसके अध्यक्ष तथा सदस्यों की नियुक्ति प्रणाली, उनके कार्यकाल की स्थिरता तथा इस संबंध में सांविधिक गारंटी, प्रतिष्ठा जो उन्हें दी गई है तथा पद्धति जिसमें इसके

अन्वेषण अभिकरण सहित आयोग के प्रति उत्तरदायी कर्मचारी नियुक्त किए जाते हैं तथा स्वयं को संचालित करते हैं, से प्राप्त है। आयोग की वित्तीय स्वयत्तता का उल्लेख अधिनियम की धारा 32 में किया गया है।

आयोग के अध्यक्ष तथा सदस्यों की नियुक्ति राष्ट्रपति द्वारा एक समिति की सिफारिशों के आधार पर की जाती है जिसमें अध्यक्ष के रूप में प्रधानमंत्री तथा सदस्यों रूप में लोकसभा अध्यक्ष, गृहमंत्री, लोकसभा तथा राज्य सभा में विपक्ष के नेता तथा राज्यसभा के उपसभापति शामिल हैं।

शिकायतों की जांच

आयोग मानव अधिकारों के उल्लंघन की जांच करते समय केन्द्र सरकार अथवा किसी राज्य सरकार अथवा उनके अधीन किसी अन्य प्राधिकरण अथवा संगठन से, इसके द्वारा निर्धारित समय के भीतर रिपोर्ट प्राप्त नहीं होती है, तो यह शिकायतों की जाँच स्वयं प्रारम्भ कर सकता है; दूसरी ओर, यदि सूचना अथवा रिपोर्ट की प्राप्ति पर आयोग संतुष्ट हो कि आगे जांच अपेक्षित नहीं है अथवा अपेक्षित कार्रवाई संबंधित सरकार अथवा प्राधिकरण द्वारा प्रारम्भ कर दी गई है अथवा कर ली गई है तो यह शिकायत पर कार्रवाई न करने का निर्णय कर सकता है तथा शिकायतकर्त्ता को तदनुसार सूचित कर सकता है।

जांच पूरी होने के पश्चात् आयोग की कार्रवाई

जाच पूरी हो जाने के पश्चात्, आयोग निम्नलिखित में से कोई भी कदम उठा सकता है:

(1) जहाँ जाँच से पता चलता है कि लोक सेवक द्वारा मानव अधिकारों के उल्लंघन अथवा मानव अधिकारों के उल्लंघन को रोकने की उपेक्षा की गई है तो यह संबंधित व्यक्ति अथवा व्यक्तियों के विरुद्ध मुकदमा चलाने अथवा कोई अन्य उपयुक्त कार्रवाई जिसे आयोग उचित समझे, प्रारम्भ करने के लिए संबंधित सरकार अथवा प्राधिकरण को सिफारिश कर सकता है;

(2) निर्देशों, आदेशों या रिटों के लिए उच्चतम न्यायालय अथवा संबंधित न्यायालय में अपील करना जिन्हें उक्त न्यायालय आवश्यक समझें;

(3) पीड़ित अथवा उसके परिवार के सदस्यों को तत्काल अन्तरिम राहत प्रदान करने के लिए संबंधित सरकार अथवा प्राधिकरण को सिफारिश करना जैसा कि आयोग आवश्यक समझे।

सशस्त्र बलों की बाबत प्रक्रिया

सशस्त्र बलों द्वारा मानव अधिकारों के आरोपों पर आयोग या तो अपने स्वयं के प्रस्ताव पर अथवा याचिका की प्राप्ति पर केन्द्र सरकार से रिपोर्ट मांग सकता है। रिपोर्ट की प्राप्ति पर, आयोग शिकायत पर कार्रवाई न करने अथवा सरकार को अपनी सिफारिश करने का निर्णय ले सकता है। अधिनियम के अनुसार, केन्द्र सरकार तीन महीनों के भीतर ऐसे अगले समय तक जैसी कि आयोग अनुमति दे, के अन्दर आयोग की सिफारिशों पर की गई कार्रवाई के बारे में सूचित करेगी। यह भी निर्धारित है कि आयोग केन्द्र सरकार को की गई अपनी सिफारिशों तथा ऐसी सिफारिशों पर सरकार द्वारा की गई कार्रवाई सहित अपनी रिपोर्ट प्रकाशित करेगा। प्रकाशित रिपोर्ट की एक प्रति याचिकाकर्त्ता को भी दी जाएगी।

शिकायतों की भाषा

शिकायतें हिन्दी, अंग्रेजी अथवा संविधान की आठवीं अनुसूची में सम्मिलित किसी भी भाषा में हो सकती है। शिकायतों के स्वतः पूर्ण होने की आशा की जाती है। शिकायतों के लिए कोई शुल्क नहीं लिया जाता है। आयोग अतिरिक्त सूचना तथा आरोपों के समर्थन में शपथपत्र दाखिल करने के लिए कह सकता है जब कभी आवश्यक समझा जाए। आयोग अपने विवेक से, तार द्वारा भेजी गई शिकायतें और फैक्स अथवा ई-मेल द्वारा सूचित शिकायतें स्वीकार कर सकता है। शिकायतें आयोग के मोबाईल/टेलीफोन नम्बर पर भी की जा सकती हैं।

किस प्रकार की शिकायतों पर आयोग द्वारा कार्रवाई नहीं की जाती है?

सामान्यतः निम्नलिखित प्रकृति की शिकायतों पर आयोग द्वारा कार्रवाई नहीं की जाती है :

(क) उन घटनाओं के संबंध में जो शिकायत करने से एक वर्ष से अधिक समय पहले घटी हों;

(ख) उन मामलों के संबंध में जो न्यायाधीन हों;

(ग) जो अस्पष्ट, बेनामी अथवा नकली नाम से हों;

(घ) जो तुच्छ प्रकृति की हों;

(ङ) जो सेवा मामलों से संबंधति हों।

उन प्राधिकरणों/राज्य/केन्द्र सरकारों का उत्तरदायित्व जिन्हें आयोग द्वारा रिपोर्ट/सिफारिशें भेजी गईं

प्राधिकरण/राज्य सरकार/केन्द्र सरकार को आयोग की रिपोर्टों/सिफारिशों पर अपनी टिप्पणी/की गई कार्रवाई सहित सामान्य शिकायतों के संबंध में एक महीने की अवधि के भीतर तथा सशस्त्र बलों से संबंधित शिकायतों के संबंध में तीन महीनों के भीतर सूचित करनी होती है।

शिकायतों के मुद्दे

अपने आरम्भ से, आयोग ने विभिन्न प्रकार की शिकायतों पर कार्रवाई की है। निकटतम अवधि में, मुख्य प्रकार की शिकायतें रही हैं :

पुलिस प्रशासन के संदर्भ में :–

* कार्रवाई करने में असफलता
* गैर कानूनी तौर पर निरुद्ध करना
* झूठा फंसाना
* हिरासतीय हिंसा

* अवैध गिरफ्तारी
* पुलिस की अन्य ज्यादतियाँ
* हिरासतीय मौतें
* मुठभेड़ में मौतें
* कैदियों का उत्पीड़न; जेल परिस्थितियाँ
* अनुसूचति जातियों तथा अनुसूचित जनजातियों पर अत्याचार
* बंधुआ श्रमिक, बाल श्रमिक
* बाल विवाह
* साम्प्रदायिक हिंसा
* अपहरण, बलात्कार अथवा हत्या
* महिलाओं का यौन शोषण तथा अपमान, महिलाओं का शोषण

बहुत सी अन्य शिकायतें, जिन्हें वर्गीकृत नहीं किया जा सकता, भी उठाई गई हैं।

आयोग के मुख्य केन्द्र बिन्दु

शिकायतों की जाँच करना आयोग के मुख्य कार्यकलापों में से एक है। कई दृष्टांतों में व्यक्तिगत शिकायते आयोग के अधिकारों के उल्लंघनों में शामिल जातिगत विषयों की ओर ले गई हैं तथा यह संबंधित प्राधिकरणों को क्रमबद्ध सुधारों की ओर ले जाने में समर्थ रहा है।

तथापि, आयोग स्वतः अथवा सिविल सोसायटी, मीडिया, संबंधित नागरिकों अथवा विशेषज्ञ सलाहकारों द्वारा इसके नोटिस में लाए जाने पर मानव अधिकारों के मामलों की भी सक्रिय रूप से छानबीन करता है। इसका फोकस, सोसायटी के सभी वर्गों, विशेष रूप से कमजोर वर्गों तक मानव अधिकारों के प्रसार को सुदृढ़ करना है।

आयोग के कार्यक्षेत्र में सिविल तथा राजनीतिक तथा आर्थिक, सामाजिक और सांस्कृतिक अधिकारों की पूर्ण श्रृंखला शामिल है।

आतंकवाद और विद्रोह का सामना कर रहे क्षेत्रों, अभिरक्षा में मौतों, बलात्कार तथा उत्पीड़न, पुलिस सुधार, जेलों तथा अन्य संस्थानों जैसे कि किशोर गृह, मानसिक हस्पतालों तथा महिलाओं के लिए गृहों पर विशेष ध्यान दिया गया है। आयोग ने प्राथमिक स्वास्थ्य सुविधाओं के प्रावधान का जोरदार समर्थन किया है ताकि गरिमा सहित जीवन के लिए अनिवार्य मातृ तथा बाल कल्याण, बुनियादी आवश्यकताएँ जैसे कि पीने का पानी, भोजन तथा आहार सुनिश्चित की जा सकें तथा कम सुविधा-प्राप्त अर्थात् अनुसूचित जातियों तथा अनुसूचित जनजातियों को समानता तथा न्याय और उनके विरुद्ध हुए अत्याचार की रोकथाम के बुनियादी प्रश्नों का विशेष उल्लेख किया है। विकलांगों के अधिकार, सार्वजनिक सेवाओं तक पहुँच, जनसंख्या तथा विशेष रूप से बृहत् परियोजनाओं द्वारा जनजातियों का विस्थापन, भोजन की कमी तथा भुखमरी के कारण मौतों के आरोप, बच्चों के अधिकार, हिंसा यौन शोषण तथा भेदभाव से प्रभावित महिलाओं के अधिकार तथा अल्पसंख्यकों के अधिकार कई अवसरों पर आयोग की कार्रवाई के केन्द्र बिन्दु रहे हैं।

आयोग की प्रमुख पहल

* **नागरिक स्वतंत्रता**
* आतंकवादी तथा विध्वंसकारी कार्यकलाप अधिनियम तथा आतंकवाद निवारण विधेयक, 2000 (प्रारूप) सहित संविधियों की समीक्षा
* विद्रोह तथा आतंकवाद के क्षेत्रों में मानव अधिकारों का संरक्षण
* पुलिस द्वारा गिरफ्तार करने के अधिकार का दुरुपयोग रोकने के लिए दिशा-निर्देश
* राज्य/नगर पुलिस मुख्यालयों में मानव अधिकार प्रकोष्ठों की स्थापना
* हिरासतीय मौतों, बलात्कारों और उत्पीड़न को रोकने के लिए उपाय

* उत्पीड़न के विरुद्ध समझौते की स्वीकृति, जेनेवा समझौतों में अतिरिक्त प्रोटोकॉल
* देश के लिए शरणार्थी कानून अपनाने के लिए चर्चा
* पुलिस, कारगारों तथा निरुद्ध के अन्य केन्द्रों का व्यवस्थापरक सुधार
* जेलों, मानसिक अस्पतालों तथा इसी प्रकार के अन्य संस्थानों का दौरा
* **कानूनों का पुनरीक्षण, समझौतों तथा मानव अधिकारों संबंधी अंतर्राष्ट्रीय समझौतों का कार्यान्वयन**
* **आर्थिक, सामाजिक तथा सांस्कृतिक अधिकार**
* बंधुआ श्रम तथा बाल श्रम का उन्मूलन
* भोजन के अधिकार से संबंधित विषय
* मातृरक्ताल्पता तथा बच्चों में जन्मजात मानसिक अपंगता की रोकथाम
* एच आई वी/एड्स से प्रभावित व्यक्तियों के मानव अधिकार
* मानव अधिकार विषय के रूप में लोक स्वास्थ्य
* **कमज़ोर वर्गों के अधिकार**
* महिलाओं तथा बच्चों, अल्पसंख्यकों, अनुसूचित जातियों तथा अनुसूचित जनजातियों के अधिकार
* बृहत् परियोजनाओं के कारण विस्थापित लोग
* महाविपदाओं जैसे कि उड़ीसा में महाचक्र तथा गुजरात में भूकम्प द्वारा प्रभावित लोग
* उच्चतम न्यायालय के आदेश के तहत राँची, आगरा और ग्वालियर के मानसिक अस्पतालों तथा आगरा संरक्षण गृह के कार्यचालन की मानीटरिंग

* देह व्यापार संबंधी कारवाई पर अनुसंधान
* विकलांगों के अधिकारों के संवर्धन तथा संरक्षण
गैर अधिसूचित तथा खानाबदोश जनजातियों के अधिकार
* वृन्दावन की निराश्रित विधवाओं का कल्याण
* हाथ से मल-ढुलाई प्रथा का उन्मूलन
* **शैक्षिक पद्धति तथा व्यापक तौर पर सोसायटी में मानव अधिकारों संबंधी साक्षरता पद्धति तथा जागरूकता का संवर्धन**
* **सशस्त्र बलों और पुलिस, सार्वजनिक प्राधिकरणों, सिविल सोसायटी तथा छात्रों के लिए मानव अधिकार प्रशिक्षण**
* **मानव अधिकारों से संबंधित विभिन्न विषयों पर सुप्रसिद्ध शैक्षिक संस्थानों और गैर सरकारी संगठनों के माध्यम से अनुसंधान**
* **वार्षिक रिपोर्ट, मासिक न्यूज़ लेटर, वार्षिक पत्रिका तथा अनुसंधान अध्ययनों का प्रकाशन**
* **मानव अधिकार विषयों पर गैर-सरकारी संगठनों तथा विशेषज्ञों/सुविज्ञों के साथ परामर्श**

वर्तमान में आयोग का गठन

न्यायमूर्ति डॉ॰ ए.एस. आनन्द	अध्यक्ष
न्यायमूर्ति श्री वाई. भास्कर राव	सदस्य
श्री आर.एस. काल्हा	सदस्य
श्री पी.सी. शर्मा	सदस्य
* * *	सदस्य
अध्यक्ष, राष्ट्रीय अल्पसंख्यक आयोग	पदेन सदस्य

अध्यक्ष, राष्ट्रीय अनुसूचति जाति तथा अनुसूचित जनजाति आयोग	पदेन सदस्य
अध्यक्ष, राष्ट्रीय महिला आयोग	पदेन सदस्य

(* * * रिक्त)

राज्य मानव अधिकार आयोग

राज्य मानव अधिकार संरक्षण अधिनियम, 1993 में राज्य मानव अधिकार आयोगों की स्थापना का प्रावधान है 16 राज्यों द्वारा ऐसे निकायों की स्थापना की जा चुकी है।

आयोग के दिशा-निर्देश

अपने 12 वर्ष के कार्यकाल में आयोग ने कई मुद्दों पर दिशा-निर्देश जारी किये हैं जिनकी पालना से मानव-अधिकारों के प्रति सजगता आयी है और हालत में सुधारा आया है।

आयोग ने पुलिस को कई दिशा-निर्देश निम्नलिखित मुद्दों पर दिये हैं और पुलिस को क्या कारवाई इन मामलों में करनी चाहिए उसके बारे में बताया गया है।

1. पुलिस हिरासत में मौत
2. पुलिस हिरासत में बलात्कार
3. पुलिस हिरासत में मौत के बाद पोस्टमार्टम की क्रिया।
4. पुलिस मुठभेड़ में मौत
5. थानों की हवालातों में आयोग के अधिकारियों का जाना
6. गिरफ्तारी के सम्बन्ध में
7. पुलिस और पब्लिक के सम्बन्ध में सुधार

यह दिशा निर्देश विस्तार से परिशिष्ट 'ग' में दिये गये हैं और इनकी पालना पुलिस वाले निष्ठा से करते हैं। मैं खुद त्रिपुरा राज्य में आतंकवाद के समय पुलिस महानिदेशक था और मुझे मालूम है कैसे हम उन

आदेशों का पालन करते थे। इन निर्देशों से पुलिस और जनता दोनों का बहुत भला हुआ है।

इसके अलावा आयोग ने कई और महत्त्वपूर्ण मामलों में दूसरे विभागों को भी दिशा निर्देश दिये हैं जैसे जेलों में मानव-अधिकारियों की दशा, बंधुआ मजदूर, शारीरिक अंगों का अवैध क्रय-विक्रय इत्यादि।

आयोग की 2002-03 की वार्षिक रिपोर्ट

हर वर्ष आयोग अपनी वार्षिक रिपोर्ट भी प्रस्तुत करता है। अब तक दस रिपोर्टें आ चुकी हैं। आखिरी रिपोर्ट 2002-2003 वर्ष की है, जो अभी हाल ही में छपी है और इनकी वेबसाईट पर भी उपलब्ध है। इसके मुताबिक इस साल आयोग ने 68,779 केस दर्ज किये। आइये अब इस रिपोर्ट के मुख्य पहलुओं पर और खास करके पुलिस संम्बधित मामलों पर नजर डालें।

इस रिपोर्ट के प्रारम्भ में आयोग ने अपने कार्यकाल के 10 वर्षों की समीक्षा की है। इसमें कहा गया है कि आजकल हर दिन हजारों देशवासी अलग-अलग राज्यों और जातियों/समूहों से आयोग का हस्तक्षेप कई मामलों में माँगते हैं जो अच्छा है और जिससे पता चलता है कि मानव अधिकारों के प्रति लोगों की जागरुकता बड़ी तेज़ी से बढ़ रही है।

इस वार्षिक रिपोर्ट में तीसरा अध्याय गुजरात की स्थिति पर है। जैसा कि सर्वविदित है कि गोधरा में 27 फरवरी 2002 को साबरमती एक्सप्रेस पर हमला हुआ तो गुजरात में दंगे भड़क गये और एक अल्पसंख्यक समुदाय के कई लोगों की जान गई। इससे देश में काफी रोष फैला। आयोग ने भी इस मामले को खुदबखुद बड़ी गंभीरता से लिया और आयोग के अध्यक्ष न्यायमूर्ति श्री जे.एस. वर्मा के नेत्तृत्व में एक टीम 19-22 को गुजरात गई। इसके बाद आयोग ने कई हिदायतें गुजरात सरकार को दीं लेकिन गुजरात सरकार ने इनको गंभीरता से नहीं लिया। लेकिन आयोग भी अपनी जिम्मेदारी निभाता रहा और मामले पर लगातार टिप्पणियाँ और आदेश देता रहा। एक गंभीर घटना वड़ोदरा में

बेस्ट बेकरी नामक दुकान में हुई थी जिसमें कई लोगों की जान गई। इस मामले में जब सब अभियुक्त बरी हो गये तो आयोग ने जून 2003 को गुजरात सरकार से कोर्ट के आदेश की काफी कापी मंगवाई और कोर्ट के इस फैसले से नाखुश होकर आयोग ने सुप्रीम कोर्ट में 31 जुलाई 2003 की यह गुहार लगाई कि इस मामले की दुबारा तफतीश हो और मुकदमें की सुनवाई गुजरात के बाहर हो। ऐसा ही हुआ, मुम्बई में फिर मुकदमा चला और अभी हाल कुछ लोगों को सजा सुनाई गई।

इस तरह हम देखते हैं कि आयोग ने मानव-अधिकारों के मामले में कहां तक जाने की ठान रखी है।

चौथे अध्याय में आयोग ने आतंकवादियों के जघन्य अपराधों की निन्दा की है। उदाहरणतया रिपोर्ट में जम्मू व कश्मीर में 2002-03 में नीचे किये गये हमलों जिक्र किया है–

1. रघुनाथ मंदिर जम्मू पर 30 मार्च 2002 को जितमें 30लोग मारे गये।
2. राजीव नगर, जम्मू में 13 जुलाई 2002 को जिसमें 28 लोग मारे गये।
3. अनंतनाग के नुनवां कैम्प पर 6 अगस्त 2002 जिसमें अमरनाथ यात्रा पर जाने वाले 9 यात्रियों की हत्या हुई।
4. पुलवामा के तादी मार्ग पर जिसमें 24 कश्मीरी पंडितों की हत्या हुई। "फिर गुजरात में गांधी नगर में अक्षरधाम मंदिर पर हमला 24-25 सितम्बर 2002 को हुआ जिसमें 28 नागरिक और दो सुरक्षाकर्मी मारे गये।" सब मामलों में आयोग ने आतंकवादियों की खूब निन्दा की, राज्य सरकारों से रिपोर्ट मांगी और दुःख प्रकट करते हुए सुरक्षा के इंतजाम और भी मज़बूत करने को कहा।

उत्तर-पूर्वी राज्यों से भी कई शिकायतें आयोग को मिली और जरूरी हिदायतें आयोग ने जारी की।

सन् 2002-2003 में आयोग को पुलिस में हिरासत की मौत के 183 केस और न्यायकि हिरासत में मौत के 1157 केसों के बारे में रिपोर्ट मिली। इसमें और कार्रवाई के इलावा आयोग ने 20 केसों में 20,95,000 रुपये के मुआवज़े का भी आदेश दिया। इसी तरह इस साल पुलिस मुठभेड़ के 83 केस सामने आये और आयोग ने उचित कार्रवाई की।

आयोग ने पुलिस में सुधारों को लाने की मांग भी की और कहा कि राष्ट्रीय पुलिस कमीशन की रिपोर्ट और पद्मनाभिया रिपोर्ट पर अमल होना चाहिए। इसी प्रकार राज्यों के पुलिस मुख्यालयों में मानव अधिकार सैल को मजबूत करने को आयोग ने कहा।

जेलों में भी सुधार के प्रति आयोग जागरूक है। जेलों में कैदियों की खराब स्थिति को देखते हुए आयोग ने हिदायतें भी दीं और सुधार के लिए भी कहा। दिसम्बर 2001 को भारत की जेलों में 3,00, 811 कैदी बन्द थे जबकि जेलों में व्यवस्था 2,27,313 लोगों की थी। इस प्रकार यहाँ 32.33% लोग ज्यादा रह रहे थे। ज़ाहिर है कैदियों की हालत खराब ही होगी। आयोग ने जेलों में सुधारों के लिए देश भर में कई मीटिंगें और वर्कशाप भी करीं।

इसी तरह आयोग ने फारेन्सिक साइंस प्रयोगशालाओं को भी और कारगर बनाने के बारे में कदम उठाये।

महिलाओं और बच्चों, कमजोर वर्गों, अपंग लोगों, बुजुर्गों यानि की समाज के हर हिस्से के बारे में आयोग ने कार्य किया और इसका जिक्र सन् 2002-2003 की रिपोर्ट में है।

इस रिपोर्ट में आयोग ने हर साल की तरह मानव अधिकारों के विभिन्न पहलुओं पर जैसे शिक्षा, कानून, पुलिस, जेलों इत्यादि के बारे में कई सुझाव भी दिये।

इस तरह हम देखते हैं कि यह आयोग काफी सक्रिय है और बड़ा महत्वपूर्ण कार्य कर रहा है। पिछले 12 सालों में इसने काफी सन्तोषजनक

काम किया और लाखों लोगों को राहत दिलवाई है। केन्द्र सरकार और राज्य सरकारों के विभिन्न अंग इसकी बात ध्यान से सुनते हैं और कार्य करते हैं।

आयोग के इस काम से भारत की विदेशों में भी साख बढ़ी है। और कुछ विदेशी संस्थायें अब मानती हैं कि भारत में मानव अधिकारों की अब अधिक रक्षा हो रही है।

6

भारतीय पुलिस के लिए आचार संहिता

जिस प्रकार संयुक्त राष्ट्र संघ ने कानून प्रवर्तन अधिकारियों (ला एन्फोर्समैंट आफिशियल्स) के लिए एक आचार संहिता बनाई है उसी प्रकार भारत सरकार ने भी पुलिसकर्मियों के लिए एक आचार संहिता बनाई है। इस आचार संहिता को जुलाई 1985 में भारत सरकार के गृह मंत्रालय ने सब राज्यों के मुख्य सचिवों और पुलिस विभागों के प्रमुखों को यह आशा करते हुए भेजा था है कि देश के सभी पुलिसकर्मी, चाहे वे राज्य पुलिस में हों या अर्द्ध सैनिक बलों में हों, इस आचार संहिता का निष्ठा से पालन करेंगे। इस आचार संहिता में निम्नलिखित बातें कही गई हैं–

1. पुलिस को भारत के संविधान के प्रति अटूट निष्ठा रखनी चाहिए और उसके द्वारा दिए गए आश्वासन के अनुरूप नागरिकों के अधिकारों का सम्मान और उनकी रक्षा करनी चाहिए।
2. पुलिस को किसी भी विधिवत् निर्मित कानून के औचित्य अथवा आवश्यकता पर संशय नहीं करना चाहिए। उन्हें बिना भय अथवा पक्षपात, वैमनस्य अथवा प्रतिशोध भाव के कानून को दृढ़तापूर्वक तथा निष्पक्षतापूर्वक लागू करना चाहिए।
3. पुलिस को अपने अधिकारों और कार्यों की सीमाओं का ज्ञान

होना चाहिए तथा उनका आदर करना चाहिए। उन्हें न्यायापालिका के कार्यों में अनधिकार हस्तक्षेप नहीं करना चाहिए अथवा अनधिकार हस्तक्षेप करने का आभास नहीं देना चाहिए तथा प्रकरणों पर निर्णय देने की चेष्टा नहीं करनी चाहिए। उन्हें न तो किसी व्यक्ति के पक्ष में किसी से प्रतिशोध लेना चाहिए और न ही दोषी को दण्ड देना चाहिए।

4. कानून का पालन करवाने में अथवा व्यवस्था बनाए रखने में पुलिस को समझाने-बुझाने, सलाह तथा चेतावनी के तरीके काम में लाने चाहिएं। इनके असफल हो जाने पर तथा शक्ति का प्रयोग अपरिहार्य हो जाने पर परिस्थितियों की मांग के मुताबिक अल्पतम मात्रा में ही करना चाहिए।

5 पुलिस का प्राथमिक कर्त्तव्य अपराध तथा अव्यवस्था को रोकना है। पुलिस को यह समझना चाहिए कि उसकी दक्षता की कसौटी इन दोनों का अभाव है, न कि इनसे निपटने के लिए की गई पुलिस कार्रवाई का प्रत्यक्ष प्रमाण।

6. पुलिस को यह ज्ञात होना चाहिए कि वे जनता के सदस्य हैं अन्तर केवल इतना ही है कि समाज के हित में तथा उसकी ओर से उन्हें उन कर्त्तव्यों पर पूर्णकालिक ध्यान देने के लिए नियुक्त किया गया है जिनका निर्वाह करना सामान्यत: प्रत्येक नागरिक के लिए आवश्यक है।

7. पुलिस को यह समझना चाहिए कि उसके कर्त्तव्यों का कुशलतापूर्वक निर्वहण, उस तत्पर सहयोग की मात्रा पर निर्भर करेगा जो वह जनता से प्राप्त करती है। साथ ही यह सहयोग अपने आचरण तथा कार्यों का सार्वजनकि अनुमोदन प्राप्त करने सर्वजनिक आदर तथा विश्वास अर्जित करने एवं उसे बनाए रखने की उसकी योग्यता पर ही निर्भर होगा।

8. पुलिस को सभी लोगों के प्रति संवेदनशील तथा विचारवान होना चाहिए और उनके कल्याण का सदा ध्यान रखना चाहिए। उन्हें

लोगों की संपत्ति तथा सामाजिक प्रतिष्ठा का विचार किए बिना सभी को वैयक्तिक सेवा तथा मित्रता अर्पित करने और आवश्यक सहयोग प्रदान करने के लिए सदा तत्पर रहना चाहिए।

9. पुलिस को आत्महित से बढ़कर कर्त्तव्य हित को समझना चाहिए। चाहे कैसा भी संकट अथवा उत्तेजना हो, उसे शांत तथा प्रसन्नचित रहना चाहिए तथा दूसरों के जीवन की सुरक्षा हेतु अपने जीवन का उत्सर्ग करने को तत्पर रहना चाहिए।

10. पुलिस को सदा सौजन्यशील तथा सुसंस्कृत होना चाहिए। उसे विश्वसनीय तथा अनासक्त होना चाहिए। उसमें आत्मगौरव एवं साहस होना चाहिए और उसे अपने चरित्र तथा जनता के विश्वास को विकसित करना चाहिए।

11. उच्चतम श्रेणी की निष्ठा पुलिस की प्रतिष्ठा का मूलभूत आधार है। इसको समझते हुए पुलिस को अपने व्यक्तिगत तथा शासकीय दोनों ही स्तरों पर आत्मसंयम विकसित करना चाहिए, विचार एवं कार्य में सत्यनिष्ठ एवं ईमानदार रहना चाहिए जिससे कि जनता उन्हें अनुकरणीय नागरिक समझ सके।

12. पुलिस को यह समझना चाहिए कि वह केवल अनुशासन का उच्चतर स्तर, वरिष्ठ अधिकारियों के प्रति अक्षुण्ण आज्ञाकारिता तथा पुलिस बल के प्रति हार्दिक निष्ठा बनाए रखकर और अपने आपको सतत प्रशिक्षण तथा तैयारी की अवस्था में रखकर ही प्रशासन एवं देश के प्रति अपनी उपयोगिता बढ़ा सकती है।

13. धर्मनिरपेक्ष प्रजातंत्र राज्य का सदस्य होने के नाते पुलिस को वैयक्तिक पूर्वाग्रहों से ऊपर उठने का लगातार प्रयास करते रहना चाहिए और धर्म, भाषाई और क्षेत्रीय या जातीय भिन्नाताओं से हटकर भारत के सभी लोगों में मैत्रीभाव और सामान्य भाईचारे की भावना को बढ़ावा देना चाहिए और समाज में नारी की प्रतिष्ठा के प्रति और पिछड़े हुए वर्गों के प्रति अनादर की प्रथा को समाप्त करना चाहिए।

जैसा कि आप समझ सकते हैं, यह आचार संहिता पुलिस के लिए काफी महत्त्वपूर्ण है और पुलिस को ड्यूटी कैसे निभानी चाहिए इसके बारे में विस्तृत रूप से बताती है। यह आचार संहिता हर पुलिस थाने में और हर पुलिस दफ्तर में लगी होनी चाहिए और पुलिसकर्मियों को इसको पढ़ते रहना चाहिए और इस पर अमल करना चाहिए।

7

संयुक्त राष्ट्र संघ की घोषणाएं और कार्य

पिछली सदी में दो विश्व युद्ध हुए। दोनों में बड़े पैमाने पर नरसंहार हुआ। खासकर दूसरे विश्व युद्ध में लाखों जानें गईं। कुछ गिनी-चुनी कौमों पर भयानक अत्याचार हुए। जैसे जर्मनी में हिटलर ने लाखों यहूदियों को मौत के घाट उतार दिया। जापान के हिरोशिमा और नागासाकी शहरों पर अमरीका ने एटम बम फेंका और दुनिया जैसे तहस-नहस हो गई। इस महायुद्ध में जर्मनी, जापान, इटली जैसे देशों की हार हुई और अमरीका, इंगलैण्ड, रूस, फ्रांस आदि देशों की जीत हुई। लेकिन हार-जीत के इस चक्कर में मानवता हार गई। इतनी बरबादी हुई कि बयान नहीं की जा सकती। इस सब ने मानव के मन को झिंझोड़ कर रख दिया। इस चेतना के फलस्वरूप दुनिया में शांति रखने के लिए दूसरे महायुद्ध के बाद "लीग ऑफ नेशन्स" ने जन्म लिया और फिर "यूनाईटेड नेशन्स" ने जिसे हम संयुक्त राष्ट्र संघ कहते हैं।

इस संस्था ने मानवाधिकारों को प्राथमिकता दी और सन् 1945 में अमेरिका के एक शहर सान फ्रांसिस्को में संयुक्त राष्ट्र संघ ने एक मानवाधिकार आयोग की स्थापना की जिसने मानव अधिकारों की सर्वभौम घोषणा का एक मसौदा तैयार किया। यह मसौदा 10 दिसम्बर, सन् 1948 को संघ की महासभा (जनरल असेम्बली) में पेश किया गया जिसने इस घोषणा को स्वीकृत और घोषित किया। इस ऐतिहासिक कार्य

के बाद ही असेम्बली ने सभी सदस्य देशों से अपील की कि वे इस घोषणा का प्रचार करें और देशों अथवा प्रदेशों की राजनैतिक स्थिति पर आधारित किसी भी भेदभाव के बिना, विशेषतः स्कूलों और अन्य शिक्षा संस्थाओं में इसके प्रचार, प्रदर्शन, पठन और व्याख्या का प्रबन्ध करें। यह एक बड़ा ही सुन्दर और व्यापक दस्तावेज है जिसे हम सब को पढ़ना और समझना चाहिए। इसमें 30 अनुच्छेद हैं।

इस घोषणा का दुनिया के कई देशों ने स्वागत किया और उन्होंने अपने-अपने यहाँ इस घोषणा को कानूनी तौर पर लागू करने की कोशिश की।

इसके बाद संयुक्त राष्ट्र संघ ने मानवाधिकारों की रक्षा के लिए कई और दस्तावेज भी दुनिया के सामने पेश किए जिनमें से महत्त्वपूर्ण निम्नलिखित हैं :–

(क) नागरिक एवं राजनीतिक अधिकारों का प्रतिज्ञापत्र (1966)

(ख) आर्थिक, सामाजिक एवं सांस्कृतिक अधिकारों का प्रतिज्ञापत्र (1966)

(ग) अंतराष्ट्रीय एजेंसी को याचिका देने हेतु वैयक्तिक अधिकारों के लिए ऐच्छिक पूर्व संधि (1966)

(घ) कैदियों के साथ व्यवहार के लिए मानक नियम (1971)

(ङ) कानून प्रवर्तन अधिकारियों के लिए संयुक्त राष्ट्र संघ की आचार संहिता (1979)

(च) किशोर अपचारिता के संबंध में न्याय के प्रशासन हेतु मानक नियम (1985)

(छ) शंक्ति के दुरुपयोग और अपराध के शिकार व्यक्तियों के लिए मूलभूत न्यायिक सिद्धान्तों की घोषणा (1985)

(ज) न्यायिक स्वतंत्रता के मूलभूत सिद्धान्त (1985)

(झ) अन्य क्रूर, अमानवीय या अपमानजनक व्यवहार अथवा दण्ड की यातना के खिलाफ कन्वेंशन (1985)

(ञ) मानव अधिकार न्यायकोष की स्थापना (1991)

इस प्रकार हम देखते हैं कि संयुक्त राष्ट्र संघ ने मानवाधिकारों की रक्षा के लिए कई कदम उठाए हैं। जहाँ-जहाँ अन्याय होता है वहाँ-वहाँ संयुक्त राष्ट्र संघ उसके खिलाफ आवाज उठाता है। जरूरत पड़ने पर यह संघ अन्तर्राष्ट्रीय तौर पर सामाजिक और आर्थिक प्रतिबन्ध भी लगता है ताकि जो देश गलती करता है उसे सबक मिल सके और वह अपनी गलती सुधारे। उदाहरण के तौर पर, कई साल तक संयुक्त राष्ट्र ने दक्षिण अफ्रीका पर ऐसे प्रतिबन्ध लगाए क्योंकि वहाँ की अल्पसंख्यक गोरी सरकार काले लोगों से भेदभाव करती थी। ये प्रतिबन्ध तब हटाए गए जब वहाँ की सरकार ने इस भेदभाव को खत्म कर दिया। ऐसे ही प्रतिबन्ध संयुक्त राष्ट्र संघ ने ईराक पर भी लगाए थे, क्योंकि उसने अपने पड़ोसी देश कुवैत पर बिना वजह हमला किया था। ये अब तो ख़ैर इराक का इतिहास बदल चुका है।

कभी-कभी तो संयुक्त राष्ट्र संघ को मानवाधिकारों की रक्षा के लिए ताकत का सहारा भी लेना पड़ता है। जब-जब जरूरत होती है यह संघ दुनिया के देशों से फौजों की मांग करता है ताकि ये फौजें संघ की शांति सेना के रूप में दुनिया के अलग-अलग भागों में जहाँ जरूरत है, वहाँ जाकर शांति बहाल करें। दुनिया के कुछ हिस्सों में संघ की शांति सेना की टुकड़ियां काम करती रही हैं और कर रही हैं। यह शान्ति सेना सोमालिया, मुजाम्बिक, कम्बोडिया, रवांडा, बोसनिया, यूगोस्लाविया, सूडान, कांगो, हैती, साइप्रस, कोसवो इत्यादि जैसे देशों में भेजी गई। अभी इसके कार्यों में और सुधार की जरूरत है जिसको देखते हुए 15 मार्च 2006 को सयुकंत राष्ट्र महासभा ने 'मानव अधिकार काऊंसिल' का गठन किया। इसको बनाने में श्री को फी मनान का, जो आजकल संयुक्त राष्ट्र के सेक्रेटरी जनरल है, बड़ा योगदान है। काऊंसिल से तरक्की, शांति और सुरक्षा के साथ साथ इस मानव अधिकार सयुकंत राष्ट्र का था या

महत्वपूर्ण, कार्य/अंग बन गया है। हम आशा करते हैं कि अब मानव अधिकारों की रक्षा में और तेजी आयेगी।

इस शांति सेना में भारत ने भी अपनी फौजें और पुलिस बल भेज कर काफी योगदान दिया है। भारत दुनिया में शांति चाहता है और इसके लिए योगदान के लिए प्रतिबद्ध है

यह बड़े संतोष की बात है कि संयुक्त राष्ट्र संघ मानवाधिकारों के मामले में अपना कर्त्तव्य अच्छी तरह निभा रहा है। "आइए, अब संयुक्त राष्ट्र संघ की "मानव अधिकारों की सार्वभौम घोषणा" पर विस्तार से नजर डालें जिसका पूर्ण पाठ इस प्रकार है :

"मानव अधिकारों की सार्वभौम घोषणा"

प्रस्तावना

चूंकि मानव परिवार के सभी सदस्यों के जन्मजात गौरव और समान तथा अविच्छिन्न अधिकार की स्वीकृति ही विश्व-शान्ति, न्याय और स्वतंत्रता की बुनियाद है,

चूंकि मानव अधिकारों के प्रति उपेक्षा और घृणा के फलस्वरूप ही ऐसे बर्बर कार्य हुए जिनसे मनुष्य की आत्मा पर अत्याचार किया गया, चूंकि एक ऐसी विश्व-व्यवस्था की उस स्थापना को (जिसमें लोगों को भाषण और धर्म की आज़ादी तथा भय और अभाव से मुक्ति मिलेगी) सर्वसाधारण के लिए सर्वोच्च आकांक्षा घोषित किया गया है, चूंकि अगर अन्याययुक्त शासन और जुल्म के विरुद्ध लोगों को विद्रोह करने के लिए– उसे ही अन्तिम उपाय समझकर– मजबूर नहीं हो जाना है, तो कानून द्वारा नियम बनाकर मानव अधिकारों की रक्षा करना अनिवार्य है।

चूंकि राष्ट्रों के बाद मैत्रीपूर्ण सम्बन्धों को बढ़ाना जरूरी है,

चूंकि संयुक्त राष्ट्र के सदस्य देशों की जनताओं ने बुनियादी मानव अधिकारों में, मानव व्यक्तित्व के गौरव और योग्यता में और नर-नारियों के समान अधिकारों में अपने विश्वास को अधिकार-पत्र में दुहराया है

और यह निश्चय किया है कि अधिक व्यपाक स्वतंत्रता के अन्तर्गत सामाजिक प्रगति एवं जीवन के बेहतर स्तर को ऊंचा किया जाए, चूंकि सदस्य देशों ने यह प्रतिज्ञा की है कि वे संयुक्त राष्ट्र के सहयोग से मानव अधिकारों और बुनियादी के प्रति सार्वभौम सम्मान की वृद्धि करेंगे,

चूंकि इस प्रतिज्ञा को पूरी तरह से निभाने के लिए इन अधिकारों और आजादियों का स्वरूप ठीक-ठीक समझना सबसे अधिक जरूरी है, इसलिए अब

महासभा घोषित करती है कि

मानव अधिकारों की यह सार्वभौम घोषणा सभी देशों और सभी लोगों की समान सफलता है। इसका उद्देश्य यह है कि प्रत्येक व्यक्ति और समाज का प्रत्येक भाग इस घोषणा को लगातार दृष्टि से रखते हुए अध्यापन और शिक्षा के द्वारा यह प्रयत्न करेगा कि इन अधिकारों और आज़ादियों के प्रति सम्मान की भावना जाग्रत हो, और उत्तरोत्तर ऐसे राष्ट्रीय तथा अन्तर्राष्ट्रीय उपाय किये जाएं जिनसे सदस्य देशों की जनता तथा उनके द्वारा अधिकृत प्रदेशों की जनता इन अधिकारों की सार्वभौम और प्रभावोत्पादक स्वीकृति दे और उनका पालन करावे।

अनुच्छेद 1. सभी मनुष्यों को गौरव और अधिकारों के मामले में जन्मजात स्वतंत्रता और समानता प्राप्त है। उन्हें बुद्धि और अन्तरात्मा की देन प्राप्त है और परस्पर उन्हें भाईचारे के भाव से बर्ताव करना चाहिए।

अनुच्छेद 2. सभी को इस घोषणा से सन्निहित सभी अधिकारों और आजादियों को प्रापत करने का हक है और इस मामले में जाति, वर्ण, लिंग, भाषा, धर्म, राजनीति या अन्य विचार-प्रणाली, किसी देश या समाज विशेष में जन्म, सम्पत्ति या किसी प्रकार की अन्य मार्यादा आदि के कारण भेदभाव का विचार न किया जाएगा। इसके अतिरिक्त, चाहे कोई देश या प्रदेश स्वतंत्र हो, संरक्षित

हो, या स्वशासन रहित हो या परिमित प्रभुसत्ता वाला हो, उस देश या प्रदेश की राजनैतिक, क्षेत्रीय या अन्तर्राष्ट्रीय स्थिति के आधार पर वहाँ के निवासियों के प्रति कोई फ़रक़ न रखा जाएगा।

अनुच्छेद 3. प्रत्येक व्यक्ति को जीवन, स्वाधीनता और वैयक्तिक सुरक्षा का अधिकार है।

अनुच्छेद 4. कोई भी गुलामी या दासता की हालत में न रखा जाएगा, गुलामी–प्रथा और गुलामों का व्यापार अपने सभी रूपों में निषिद्ध होगा।

अनुच्छेद 5. किसी को भी शारीरिक यातना न दी जाएगी और न किसी के प्रति निर्दय, अमानुषिक या अपमानजनक व्यवहार होगा।

अनुच्छेद 6 हर किसी को हर जगह कानून की निगाह में व्यक्ति के रूप में स्वीकृति–प्राप्ति का अधिकार है।

अनुच्छेद 7. कानून की निगाह में सभी समान हैं और सभी बिना भेदभाव के समान कानूनी सुरक्षा के अधिकारी हैं। यदि इस घोषणा का अतिक्रमण करके कोई भी भेदभाव किया जाए या भेदभाव को किसी प्रकार से उकसाया जाए, तो उसके विरुद्ध समान संरक्षण का अधिकार सभी को प्राप्त है।

अनुच्छेद 8. सभी को संविधान या कानून द्वारा प्राप्त बुनियादी अधिकारों का अतिक्रमण करने वाले कार्यों के विरुद्ध समुचित राष्ट्रीय अदालतों की कारगर सहायता पाने का हक है।

अनुच्छेद 9. किसी को भी मनमाने ढंग से गिरफ्तार, नजरबन्द या देश से निष्कासित न किया जाएगा।

अनुच्छेद 10. सभी को पूर्णतः समान रूप से हक है कि उनके अधिकारों और कर्त्तव्यों के निश्चय करने के मामले में और उन पर आरोपित फौजदारी के किसी मामले में उनकी सुनवाई न्यायोचित और सार्वजनिक रूप से निरपेक्ष एवं निष्पक्ष अदालत द्वारा हो।

अनुच्छेद 11. (1) प्रत्येक व्यक्ति, जिस पर दण्डनीय अपराध का आरोप किया गया हो, तब तक निरपराध माना जाएगा, जब तक उसे ऐसी खुली अदालत में, जहाँ उसे अपनी सफाई की सभी आवश्यक सुविधाएं प्राप्त हों, कानून के अनुसार अपराधी न सिद्ध कर दिया जाए।

(2) कोई भी व्यक्ति किसी भी ऐसे कृत या अकृत (अपराध) के कारण उस दण्डनीय अपराध का अपराधी न माना जाएगा, जिसे तत्कालीन प्रचलित राष्ट्रीय या अतर्राष्ट्रीय कानून के अनुसार दण्डनीय अपराध न माना गया हो और न उससे अधिक भारी दण्ड दिया जा सकेगा, जो उस समय दिया जाता जिस समय वह दण्डनीय अपराध किया गया था।

अनुच्छेद 12. किसी व्यक्ति की एकान्तता, परिवार, घर या पत्रव्यवहार के प्रति कोई मनमाना हस्तक्षेप न किया जाएगा, न किसी के सम्मान और ख्याति पर कोई आक्षेप हो सकेगा। ऐसे हस्तक्षेप या आक्षेपों के विरुद्ध प्रत्येक को कानूनी संरक्षण का अधिकार प्राप्त है।

अनुच्छेद 13 (1) प्रत्येक व्यक्ति को प्रत्येक देश की सीमाओं के अंदर स्वतंत्रतापूर्वक आने, जाने और बसने का अधिकार है।

(2) प्रत्येक व्यक्ति को अपने या पराये किसी भी देश को छोड़ने और अपने देश को वापस आने का अधिकार है।

अनुच्छेद 14. (1) प्रत्येक व्यक्ति को सताये जाने पर दूसरे देशों में शरण लेने और रहने का अधिकार है।

(2) इस अधिकार का लाभ ऐसे मामलों में नहीं मिलेगा जो वास्तव में गैर-राजनीतिक अपराधों सम्बन्धित हैं, या जो संयुक्त राष्ट्र के उद्देश्यों और सिद्धांतों के विरुद्ध कार्य हैं।

अनुच्छेद 15. (1) प्रत्येक व्यक्ति को किसी भी राष्ट्र-विशेष की नागरिकता का अधिकार है।

(2) किसी को भी मनमाने ढंग से अपने राष्ट्र की नागरिकता से वंचित न किया जाएगा या नागरिकता का परिवर्तन करने से मना न किया जाएगा।

अनुच्छेद 16. (1) बालिग स्त्री-पुरुषों को बिना किसी जाति, राष्ट्रीयता या धर्म की रुकावटों के आपस में विवाह करने और परिवार का स्थापन करने का अधिकार है। उन्हें विवाह के विषय में, वैवाहिक जीवन में तथा विवाह-विच्छेद के बारे में समान अधिकार है।

(2) विवाह का इरादा रखने वाले स्त्री-पुरुषों की पूर्ण और स्वतंत्र सहमति पर ही विवाह हो सकेगा।

(3) परिवार समाज की स्वाभाविक और बुनियादी सामूहिक इकाई है और उसे समाज तथा राज्य द्वारा संरक्षण पाने का अधिकार है।

अनुच्छेद 17. (1) प्रत्येक व्यक्ति को अकेले और दूसरों के साथ मिलकर सम्पत्ति रखने का अधिकार है।

(2) किसी को भी मनमाने ढंग से अपनी सम्पत्ति से वंचित न किया जाएगा।

अनुच्छेद 18. प्रत्येक व्यक्ति को विचार, अन्तरात्मा और धर्म की आजादी का अधिकार है। इस अधिकार के अन्तर्गत अपना धर्म या विश्वास बदलने और अकेले या दूसरों के साथ मिलकर तथा सार्वजनिक रूप से अथवा निजी तौर पर अपने धर्म या विश्वास को शिक्षा, क्रिया, उपासना तथा व्यवहार के द्वारा प्रकट करने की स्वतंत्रता है।

अनुच्छेद 19. प्रत्येक व्यक्ति को विचार और उसकी अभिव्यक्ति की स्वतंत्रता का अधिकार है। इसके अन्तर्गत बिना हस्तक्षेप के कोई राय रखना और किसी भी माध्यम के जरिए तथा सीमाओं की परवाह न करके किसी भी सूचना और धारणा का अन्वेषण, ग्रहण तथा प्रदान सम्मिलित है।

अनुच्छेद 20 (1) प्रत्येक व्यक्ति को शान्ति पूर्ण सभा करने या समिति बनाने की स्वतंत्रता का अधिकार है।

(2) किसी को भी किसी संस्था का सदस्य बनने के लिए मजबूर नहीं किया जा सकता।

अनुच्छेद 21. (1) प्रत्येक व्यक्ति को अपने देश की शासन में प्रत्यक्ष रूप से या स्वतंत्र रूप से चुने गए प्रतिनिधियों के जरिए हिस्सा लेने का अधिकार है।

(2) प्रत्येक व्यक्ति को अपने देश की सरकारी नौकरियों को प्राप्त करने का समान अधिकार है।

(3) सरकार की सत्ता का आधार जनता की इच्छा होगी। इस इच्छा का प्रकटन समय-समय पर

और असली चुनावों द्वारा होगा। ये चुनाव सार्वभौम और समान मताधिकार द्वारा होंगे और गुप्त मतदान द्वारा या किसी अन्य समान स्वतंत्र मतदान पद्धति से कराये जायेंगे।

अनुच्छेद 22. समाज के एक सदस्य के रूप में प्रत्येक व्यक्ति को सामाजिक सुरक्षा का अधिकार है। और प्रत्येक व्यक्ति को अपने व्यक्तित्व के उस स्वतंत्र विकास तथा गौरव के लिए– जो राष्ट्रीय प्रयत्न या अन्तर्राष्ट्रीय सहयोग तथा प्रत्येक राज्य के संगठन एवं साधनों के अनुकूल हो–अनिवार्यतः आवश्यक आर्थिक, सामाजिक, और सांस्कृतिक अधिकारों की प्राप्ति का हक है।

अनुच्छेद 23. (1) प्रत्येक व्यक्ति को काम करने, इच्छानुसार रोजगार के चुनाव, काम की उचित और सुविधाजनक परिस्थितियों को प्राप्त करने और बेकारी से संरक्षण पाने का हक है।

(2) प्रत्येक व्यक्ति को समान कार्य के लिए बिना किसी भेदभाव के समान मजदूरी पाने का अधिकार है।

(3) प्रत्येक व्यक्ति को, जो काम करता है, अधिकार है कि वह इतनी उचित और अनुकूल मजदूरी पाए, जिससे वह अपने लिए और अपने परिवार के लिए ऐसी आजीविका का प्रबन्ध कर सके, जो मानवीय गौरव के योग्य हो तथा आवश्यकता होने पर उसकी पूर्ति अन्य प्रकार के सामाजिक संरक्षणों द्वारा हो सके।

(4) प्रत्येक व्यक्ति को अपने हितों की रक्षा के लिए श्रमजीवी संघ बनने और उनमें भाग लेने का अधिकार है।

अनुच्छेद 24. प्रत्येक व्यक्ति को विश्राम और अवकाश का अधिकार है इसके अंतर्गत काम के घंटों की उचित हदबन्दी और समय-समय पर मजदूरी सहित छुट्टियाँ सम्मिलित हैं।

अनुच्छेद 25. (1) प्रत्येक व्यक्ति को ऐसे जीवन स्तर को प्राप्त करने का अधिकार है जो उसे और उसके परिवार के स्वास्थ्य एवं कल्याण के लिए पर्याप्त हो। इसके अंतर्गत खाना, कपड़ा, मकान, चिकित्सा-संबंधी सुविधाएं और आवश्यक सामाजिक सेवाएं सम्मिलित हैं। सभी को बेकारी, बीमारी, असमर्थता, वैधव्य, बुढ़ापे या अन्य किसी ऐसी परिस्थिति में आजीविका का साधन न होने पर जो उसके काबू के बाहर हो, सुरक्षा का अधिकार प्राप्त है।

(2) जच्चा और बच्चा को खास सहायता और सुविधा का हक है। प्रत्येक बच्चे को चाहे वह विवाहित माता से जन्मा हो या अविवाहित से, समान सामाजिक संरक्षण प्राप्त होगा।

अनुच्छेद 26. (1) प्रत्येक व्यक्ति को शिक्षा का अधिकार है। शिक्षा कम से कम प्रारम्भिक और बुनियादी अवस्थाओं में निःशुल्क होगी। प्रारम्भिक शिक्षा अनिवार्य होगी। टेक्निकल, यांत्रिक और पेशों सम्बन्धी शिक्षा साधारण रूप से प्राप्त होगी ओर उच्चतर शिक्षा सभी योग्यता के आधार पर समान रूप से उपलब्ध होगी।

(2) शिक्षा का उद्देश्य होगा मानव व्यक्तित्व का पूर्ण विकास और मानव अधिकारों तथा बुनियादी स्वतंत्रताओं के प्रति सम्मान की पुष्टि। शिक्षा द्वारा

राष्ट्रों, जातियों अथवा धार्मिक समूहों के बीच आपसी सद्भावना, सहिष्णुता और मैत्री का विकास होगा और शांति बनाए रखने के लिए संयुक्त राष्ट्र के प्रयत्नों को आगे बढ़ाया जाएगा।

(3) माता-पिता को सबसे पहले इस बात का अधिकार है कि वे चुनाव कर सकें कि किस किस्म की शिक्षा उनके बच्चों को दी जाएगी।

अनुच्छेद 27. (1) प्रत्येक व्यक्ति को स्वतंत्रता-पूर्वक समाज के सांस्कृतिक जीवन में हिस्सा लेने, कलाओं का आनन्द लेने, तथा वैज्ञानिक उन्नति और उसकी सुविधाओं में भाग लेने का हक है।

(2) प्रत्येक व्यक्ति को किसी भी ऐसी वैज्ञानिक, साहित्यिक या कलात्मक कृति से उत्पन्न नैतिक और आर्थिक हितों की रक्षा का अधिकार है जिसका रचयिता वह स्वयं हो।

अनुच्छेद 28. प्रत्येक व्यक्ति को ऐसी सामाजिक और अन्तर्राष्ट्रीय व्यवस्था की प्राप्ति का अधिकार है जिसमें इस घोषणा में उल्लिखित अधिकारों और स्वतंत्रताओं को पूर्णतः प्राप्त किया जा सके।

अनुच्छेद 29. (1) प्रत्येक व्यक्ति का उसी समाज के प्रति कर्त्तव्य है जिसमें रहकर उसके व्यक्तित्व का स्वतंत्र और पूर्ण विकास संभव हो।

(2) अपने अधिकारों और स्वतंत्रताओं का उपयोग करते हुए प्रत्येक व्यक्ति केवल ऐसी ही सीमाओं द्वारा बद्ध होगा, जो कानून द्वारा निश्चित की जाएंगी और जिनका एकमात्र उद्देश्य दूसरों के अधिकारों और स्वतंत्रता के लिए आदर और समुचित स्वीकृति की प्राप्ति होगा। तथा जिनकी

आवश्यकता एक प्रजातन्त्रात्मक समाज में नैतिकता, सार्वजनिक व्यवस्था और सामान्य कल्याण की उचित आवश्यकताओं का उपयोग किसी प्रकार से संयुक्त राष्ट्र के सिद्धान्तों और उद्देश्यों के विरुद्ध नहीं किया जाएगा।

अनुच्छेद 30. इस घोषणा में उल्लिखित किसी भी बात का यह अर्थ नहीं लगाना चाहिए जिससे यह प्रतीत हो कि किसी भी राज्य, समूह, या व्यक्ति को किसी ऐसे प्रयत्न में संलग्न होने या ऐसा कार्य करने का अधिकार है, जिसका उद्देश्य यहाँ बताये गए अधिकारों और स्वतंत्रताओं में से किसी का भी विनाश करना हो।

इस घोषणा के ध्यानपूर्वक अध्ययन से यह पता चलता है कि यह सर्वव्यापी है और इसमें हर प्रकार के मानवाधिकारों की घोषणा की गई है। इसके अलावा संघ ने कई और घोषणाएं भी कीं जिनके बारे में इस अध्याय के शुरू में ही बता दिया गया है।

दुनिया के हर भाग में एक आम आदमी का ज्यादातर वास्ता कानून प्रवर्तन अधिकारियों से पड़ता है जिनका व्यवहार उस पर और समाज पर एक गहरी छाप छोड़ देता है। इसीलिए संघ ने दुनिया के कानून प्रवर्तन अधिकारियों के लिए सन् 1979 में एक आचार संहिता बनाई और उसे जारी किया। पुलिस बलों के लिए यह संहिता बहुत महत्त्वपूर्ण है। इसे परिशिष्ट 'घ' में दिया गया है।

संयुक्त राष्ट्र और दुनिया में आतंकवाद

इसके इलावा भी पिछले कई सालों में संयुक्त राष्ट्र ने आतंकवाद के खिलाफ अभिप्रेरण में काफी कार्य किया है।

संयुक्त राष्ट्र के सन्दर्भ को ध्यान में रखकर अभी तक आंतकवाद से सम्बंधित अन्तरराष्ट्रीय स्तर की बारह उपसधियां अपनाई गई हैं। चूंकि इन उपसंधियों में निहित आंतकवाद से सम्बंधित एक स्पष्ट तथा सर्वमान्य परिभाषा का अभाव है अतः इस कमी को दूर करने के लिए प्रयास

किए जा रहे हैं और वर्तमान में इस विषायक एक उपसंधि का मसौदा संयुक्त राष्ट्र महासभा के पास विचाराधीन है। आयोग ने भारत सरकार द्वारा उपसंधि पर सहमति प्राप्त करने हेतु किए गए प्रयासों की अनुशंसा की है। यद्यपि अन्तरराष्ट्रीय स्तर के प्रपत्रों में आतंकवाद की कोई प्रधिकृत परिभ:षा उपलब्ध नहीं है तो भी राष्ट्रों ने इस के मूलभूत तत्वों का अनुमोदन कर दिया है।

इस प्रकार संयुक्त राष्ट्र महासभा द्वारा 9 दिसम्बर, 1994 को पारित "अन्तरराष्ट्रीय आतंकवाद उन्मूलन सम्बन्धी घोषणा" में आतंकवाद के अर्न्तगत आने वाले अघोलिखित कार्यो को सम्मिलित किया गया है :-

> "राजनीतिक उद्देश्यों से प्रेरित ऐसे आपराधिक कार्य जो इरादतिन अथवा सुनियोजित ढंग से आतंक के माहौल को, जनसाधारण और जनसमूहों अथवा विशेष व्याक्तियों में, उत्तेजित करें"

घोषणा में आगे बल दे कर और स्पष्ट तौर पर कहा गया है कि प्रत्येक ऐसे कार्य को

> "हर हालत में अनुचित करार दिया जाना चाहिये चाहे फिर उसे राजनीतिक, दार्शनिक, सैद्धांतिक, प्रजातिय, मानवजातीय, धार्मिक अथवा अन्य लिहाज़ से उचित ठहराने का प्रयास किया गया हो"

इस के अतिरिक्त महासभा ने इस विषायक, सिलसिलेवार कई प्रस्ताव पारित किए हैं-जैसे "मानव अधिकार और आंतकवाद"; उन में से एक को प्रथम बार 20 दिसम्बर 1993 को अपनाया गया। महासभा ने इन प्रस्तावों में आतंकवाद के अन्तर्गत आने वाले ऐसे कार्यो, तरीकों और आचरणों को, चाहे फिर वे कोई शकल इर्खात्यार कर ले अथवा किसी ढंग से भी अभिव्यक्त हो, की साफ-साफ भर्त्सना की है। परन्तु उन सब का उद्देश्य मानवाधिकारों, मूल-भूत स्वतन्त्रता और लोकतन्त्र का हनन तथा राष्ट्रों की प्रादेशिक अखण्डता पर प्रहार करना हो अथवा

उन का उद्देश्य, वैध ढंग से गठित सरकारों को अस्थायी करना, बहुलवादी सभ्य समाज की जड़ें खोदना और राष्ट्रों के आर्थिक और सामाजिक विकास पर प्रतिकूल प्रभाव डालना, हो सकता है।

इस के अतिरिक्त, "मानव अधिकार और आतंकवाद" नामक महासभा के प्रस्ताव में राष्ट्रों को अन्तरराष्ट्रीय मानव अधिकारों के मानकों के अनुसार आंतकवाद को रोकने, विरोध करने तथा उन्मूलन करने के उचित एवं कारगर ढंग अपनाने के लिए बराबर कहा गया है।

इसी प्रकार, संयुक्त राष्ट्र मानव अधिकार आयोग ने भी नियमित रूप से ऐसे ही प्रस्ताव अपनाए हैं।

आंतकवाद का सामना करने के लिए पहली बार संयुक्त राष्ट्र महासभा द्वारा 'मानवाधिकार और मूलभूत स्वतन्त्रता की रक्षा' नामक विषय पर विशेषरूप से एक प्रस्ताव 18 दिसम्बर, 2002 को अपनाया गया।

इस प्रस्ताव द्वारा यह भी पुष्टि की गई कि राष्ट्रों द्वारा आतंकवाद को रोकने सम्बन्धी उठाए गए कदम, अन्तरर्राष्ट्रीय कानून, विशेषकर अन्तरराष्ट्रीय मानवाधिकार, शरणार्थी एवं लोकोपकारवादी कानून, के अनुरूप ही हों।

इसी प्रस्ताव द्वारा राष्ट्रों को आतंकवाद को रोकने के लिए प्रोत्साहित करते हुए कहा गया है कि ऐसा करते हुए उन्हें संयुक्त राष्ट्र के मानवाधिकार सम्बन्धी प्रस्तावों और निर्णयों का ध्यान रखना चाहिये और यह भी आग्रह किया गया कि ऐसा करते हुए मानवाधिकार आयोग द्वारा सुझाए गई विशेष प्रक्रिया और क्रियाविधि पर प्रदत सिफारिशों और संयुक्त राष्ट्र मानवाधिकार संधि-पत्र से जुड़ी समिति की सम्बंधित टिका-टिप्पणियों और हष्टिकोण को, ध्यान में रखा जाए।

अभी-अभी कुछ महीने पहले उन मानवाधिकार सन्धि-पत्र से जुड़ी समितियाँ ने राष्ट्रों की आतंकवाद के घिनोंने कृत्यों से अपने नागरिको को बचाने और उन्हें उन आतंकियों से न्यायसंगत सुरक्षा प्रदान करने सम्बन्धी चिन्ताओं और कर्तव्यों को पूरी तरह स्वीकारा है। इस स्वीकारोक्ति के

संदर्भ में उन्होंने राष्ट्रों का, मानवाधिकारों सम्बन्धी दायित्व का आदर करते हुए इस कर्तव्य को निभाने के तौर-तरीकों पर भी, ध्यान केन्द्रित किया है।

उदाहरणार्थ, "मानवाधिकार संरक्षण से जुड़ी संयुक्त राष्ट्र और क्षैत्रीय संगठनों की विधिशास्त्र सम्बन्धी डाइजेस्ट" में हाल ही में संयुक राष्ट्र के मानवाधिकार सम्बन्धी उच्च आयोग द्वारा छापे गए निम्न तथ्य, इसी बात की पुष्टि करते है।

- 22 नवम्बर, 2001 को संयुक्त राष्ट्र की उत्पीड़न के खिलाफ गठित समिति (कैट) ने, उपसन्धि को अभिपुष्ट करते हुए गैर-अप्रतिष्ठित कार्यों के खिलाफ, उत्पीड़न तथा अन्य निर्दय, अमानुषिक एवं हीनभाव या दमन जैसे कृत्यों के खिलाफ हुई उपसन्धि, के भागीदार राष्टों को स्मरण कराया। यहाँ यह बात भी याद दिलाई जाती है कि भारत सरकार, इस उपसन्धि पर 14 अक्टूबर 1997 को हस्ताक्षर कर चुका है परन्तु इस को अभी तक उभिपुष्ट नहीं किया गया है ।
- 10 दिसम्बर, 2001 को, 11 सितम्बर 2001 को घटित दुखद घटनाओं के परिणाम के मद्देनज़र संयुक्त राष्ट्र के मानवाधिकार सम्बन्धी आयोग के, 17 विशेष रिर्पोटरों और स्वतन्त्र विशेषज्ञों ने एक संयुक्त वक्तव्य जारी कर, राष्ट्रों को अन्तरराष्ट्रीय कानून के तहत मानवाधिकार और बुनियादी स्वतन्त्रता को कायम रखने सम्बन्धी अपने दायित्व को निभाने के लिए स्मरण कराया। उन्होंने, मानवाधिकार प्रतिरक्षक, प्रवासी, अनाथाश्रम में शरण चाहने वाले, शरणार्थी, धामिर्क और मानवजातीय अध्पसंख्यिक, राजनीतिक उत्साही और मीडिया के लोगों के विशेष समूहों के प्रति किए गए मानवाधिकार उलंघन और उस के विरूद्ध उठाए गए ऐसे कदमों के प्रति, चेतवानी दी।
- 8 मार्च, 2002 को, संयुक्त राष्ट्र के जाति-भेद उन्मूलन समिति ने राष्ट्रों से प्रार्थना की कि वे इस बात का ध्यान रखें कि

आतंकवाद के खिलाफ उठाये गये कदमों में ''किसी किसम का, जाति, रंग, वंशक्रम या राष्ट्र या मानव जाति के आधार पर इरादतन या प्रमावकारी भेदभाव न किया जाय।'' हर प्रकार के जातीय भेदभाव उन्मूलन सम्बन्धी सम्पन्न हुई उपसन्धि" (सी ई आर डी) का भारत भी एक राष्ट्र सदस्य है।

- अपने अधिकार क्षैत्र के अन्तर्गत, 1996 की नागरिक और राजनीतिक अधिकार प्राप्त अन्तरराष्ट्रीय प्रतिज्ञापत्र के तहत स्थापित 'संयुक्त राष्ट्र की मानवाधिकार सम्बन्धी समिति' ने राष्ट्र सदस्यों द्वारा उस प्रतिज्ञापत्र के मद्देनज़र आतंकवाद पर लगाम लगाने के लिए उन द्वारा उठाये गए कदमों की प्रासंगिकता पर प्रस्तुत रिपोर्टो का अध्ययन करते हुए क्रमानुसार कई प्रश्न उठाए। इस सन्दर्भ में आप को याद होगा कि भारत भी इस प्रतिज्ञा पत्र का सहभागी राष्ट्र है जिस का उल्लेख 1993 के मानवाधिकार सुरक्षा एक्ट के प्रतिज्ञापत्र की धारा 2 (1) (डी) और (एफ) के अन्तर्गत दर्ज है। इस सन्दर्भ में वह बात अत्यन्त महत्वपूर्ण है जो 24 जुलाई 2001 को मानवाधिकार समिति द्वारा आई०सी०सी०पी०आर० की धारा के अन्तर्गत उठाई गई टिप्पणी, संख्या 29 के रूप में, दर्ज है। यह टिप्पणी काफी हद तक प्रतिज्ञापत्र की धाराओं के अन्तर्गत अधिकारों के वर्चस्व के अनुरूप है इन को कब और कितना कम किया जा सकता है।

इसी सन्दर्भ में इस बात को भी याद करना कम महत्वपूर्ण नहीं है कि सुरक्षा परिषद्ध के 28 सितम्बर 2001 के प्रस्ताव संख्या 1373 के अन्तर्गत सदस्यराष्ट्रों के लिए कानूनन नये दायित्व स्थापित किए है जिन के अन्तर्गत उनको आतंकवाद को रोकने के लिए कई विशेष कदम उठाने होंगे और आपस में सहयोग करना होगा। मानवाधिकार समिति ने इस प्रस्ताव के निहितार्थ व्यापक कार्यवाही करने हेतु, और बातों के [illegible] इस बात पर बल दिया है कि सुरक्षा परिषद्ध के प्रस्ताव संख्या

1373 के तहत बनाए जाने वाले कानून आई०सी०सी०पी०आर० के आशय के अनुरूप हों और इस बात का भी ध्यान रखा जाए कि आतंकवाद का हौआ मानवाधिकारों के लिए अभिशाप न बन जाय।

इस प्रकार हम देखते है कि संयुक्त राष्ट्र भी लगातार मानवाधिकारों के उलंघनों के बारे में कदम उठाता रहता है चाहे यह अवहेलना आतंकवादी या सरकारें कर रही हों।

8

गिरफ्तारी के सम्बन्ध में राष्ट्रीय मानव अधिकार आयोग के दिशा-निर्देश

दिशा-निर्देशों की आवश्यकता

गिरफ्तार किए गए व्यक्ति की स्वतंत्रता पर प्रतिबंध लगता है, इसलिए इससे स्वतंत्रता के मूल मानवीय अधिकारों का हनन होता है, तथापि भारतीय संविधान ने और अन्तर्राष्ट्रीय मानव अधिकारों ने भी कानून और व्यवस्था बनाए रखने की अपनी मुख्य भूमिका के एक भाग के रूप में किसी व्यक्ति को गिरफ्तार करने के लिए राज्य की शक्ति को मान्यता दी है। किसी को संविधान में, कानून द्वारा स्थापित एक निष्पक्ष और उपयुक्त प्रक्रिया के आधार पर ही उसकी स्वतंत्रता से वंचित किया जा सकता है।

यद्यपि संविधान की धारा 22 (1) में व्यवस्था है कि गिरफ्तार किए गए किसी भी व्यक्ति को तत्काल गिरफ्तारी का कारण सूचित किया जायेगा, उससे अपनी पसंद के वकील द्वारा बचाव के बारे में परामर्श करने के अधिकार से इंकार नहीं किया जायेगा तथा अपराध प्रक्रिया संहिता, 1973 (सीपीसी) के खंड 50 में किसी व्यक्ति को गिरफ्तार करने वाले पुलिस अधिकारी के लिए यह जरूरी है कि वह गिरफ्तार

किये गये व्यक्ति को तत्काल उस अपराध का ब्यौरा दे। व्यवहार में अधिकांश उल्लंघनों में इन आवश्यकताओं का पालन किया जाता हैं।

उसी तरह, गिरफ्तार किए गए व्यक्ति को तत्काल अदालत के समझ पेश करने की आवश्यकता का भी कड़ाई पूर्वक पालन नहीं किया जाता जो संविधान की धारा (22(2)) तथा अपराध प्रक्रिया संहिता (खंड 57) के अन्तर्गत उसका अधिकार है।

मानव अधिकारों के हनन से संबंधित अधिसंख्य शिकायतें विशेषकर गिरफ्तारी और बन्दीकरण के मामलों में होती हैं। पुलिस शक्ति के दुरुपयोग को गालियाँ दी जाती हैं। इसलिए कानून और व्यवहार के बीच अन्तर को पाटने की दृष्टि से यह आवश्यक हो गया है कि गिरफ्तारी के सम्बन्ध में दिशा-निर्देश निर्धारित किए जाएं और साथ ही साथ कानून तथा व्यवस्था को प्रभावशाली ढंग से बनाए रखने और उपयुक्त जांच पड़ताल करने के लिए पुलिस की शक्तियों में भी बेवजह कटौती न की जाए।

गिरफ्तारी से पहले

- बिना वारंट के गिरफ्तार करने की शक्ति का उपयोग केवल काफी सोच समझ के बाद और कुछ जांच-पड़ताल करने के बाद ही किया जाए, जैसे कि शिकायत की वास्तविकता और सदाशयता तथा यह पक्का विश्वास कि व्यक्ति की अपराध में भागीदारी है और उसे गिरफ्तार करना आवश्यक है (जोगिन्द कुमार का मामला-(1994)4 एम.सी.सी. 260)।
- कानूनी मामला होने के कारण संज्ञेय मामले में बिना वारंट के गिरफ्तार करने पर गिरफ्तारी को मात्र इस आधार पर औचित्यपूर्ण नहीं ठहराया जा सकता कि उसे किसी संज्ञेय मामले में गिरफ्तार करने की कानूनन शक्ति प्राप्त होती है।
- जोगिन्दर कुमार के मामले में उच्चतम न्यायालय के फैसले के बाद यह प्रश्न स्पष्टतया विवादास्पद है कि क्या गिरफ्तार करने की शक्ति का उचित रूप से उपयोग किया गया है या नहीं।

- संज्ञान में लिए गए मामलों में गिरफ्तारी को निम्नलिखित परिस्थितियों में औचित्यपूर्ण समझा जाए:
  (1) गंभीर किस्म के आपराधिक मामलों जैसे हत्या, डकैती, लूटमार, बलात्कार आदि और संदिग्ध व्यक्ति के कानूनी प्रक्रिया से फरार हो जाने अथवा साफ बच निकल जाने से रोकने के लिए उसे गिरफ्तार करने के आवश्यकता।
  (2) संदिग्ध व्यक्ति हिंसक प्रकृति का हो और उसके द्वारा आगे और अपराध किए जाने की संभावना हो।
  (3) संदिग्ध व्यक्ति को साक्ष्य नष्ट करने अथवा गवाहियों में अड़चन डालने अथवा अन्य उन संदिग्ध व्यक्तियों को चेतावनी देने से रोकना हो जिन्हें अभी तक गिरफ्तार नहीं किया गया है।
  (4) संदिग्ध व्यक्ति आपराधिक प्रवृत्ति का हो और जब तक उसे गिरफ्तार नहीं कर लिया जाता तब तक उसके द्वारा आगे और अपराध करने की संभावना हो (राष्ट्रीय पुलिस आयोग की तीसरी रिपोर्ट)।
- यदि कोई पुलिस अधिकारी किसी व्यक्ति को पुलिस स्टेशन में उपस्थित होने और बिना अनुमति के शहर न छोड़ने का नोटिस दे देता है तो उपरिलिखित किस्म के गंभीर मामलों को छोड़कर अन्य किस्म के मामलों में गिरफ्तारी करने से बचा जाना चाहिए (देखें जोगिन्दर कुमार का मामला (1994) एस.सी.सी. 260)।
- गिरफ्तार करने की शक्ति का उपयोग करने से तब तक बचा जाना चाहिए जब अपराध में जमानत हो सकती हो और जब संदिग्ध व्यक्ति के फरार होने की प्रबल संभावना न हो।
- गिरफ्तार करने अथवा पूछताछ करने वाले पुलिस अधिकारी की पहचान स्पष्ट होनी चाहिए और उसे अपने नाम और पदनाम

वाला बिल्ला लगाना चाहिए। गिरफ्तार करने अथवा पूछताछ करने वाले पुलिस अधिकारियों का विवरण पुलिस थाने में रखे रजिस्टर में निश्चित रूप से दर्ज करना चाहिए।

गिरफ्तार

- नियमानुसार गिरफ्तारी करते समय बल प्रयोग करने से बचना चाहिए। बहरहाल, गिरफ्तार करने के जोरदार विरोध करने के मामले में उसी हद तक बल प्रयोग करना चाहिए, जहां तक ऐसे विरोध पर काबू पाया जा सके। लेकिन यह सुनिश्चित करने के लिए सावधानी बरतनी चाहिए कि गिरफ्तार किए जा रहे व्यक्ति को प्रत्यक्ष अथवा अप्रत्यक्ष चोटें नहीं आनी चाहिए।
- गिरफ्तार किए जा रहे व्यक्तिं की प्रतिष्ठा का बचाव करना चाहिए। गिरफ्तार किए गए व्यक्ति का किसी भी कीमत पर तमाशा नहीं बनाया जाए और उसकी परेड न की जाए।
- गिरफ्तार किए गए व्यक्ति की तलाशी उसकी गरिमा का यथोचित सम्मान करते हुए लेनी चाहिए और इसमें बल का प्रयोग अथवा गुस्से का उपयोग नहीं किया जायें और व्यक्ति की प्राइवेसी के अधिकार का ध्यान रखा जाए। महिलाओं की तलाशी अन्य महिलाओं द्वारा ली जाए और उसकी शालीनता का कड़ाई से पालन किया जाए (एस 51(2) अ.प्र.सं.)
- हथकड़ियों और बेड़ियों का प्रयोग करने से बचा जाए और यदि अन्ततः ऐसा करना पड़े तो इसका उपयोग, प्रेम शंकर शुक्ला बनाम दिल्ली प्रशासन ((1983) 3 एस.सी.सी. 526) और सिटीजन फॉर डेमोक्रेसी बनाम असम राज्य (1994) 3 एस. सी.सी 743), मामलों में उच्चतम न्यायालय द्वारा दिए गए फैसले में उद्धृत किए गए नियमों के अनुसार किया जाए।
- यदि गिरफ्तार किया जा रहा व्यक्ति महिला हो तो जहां तक संभव हो महिला पुलिस अधिकारियों का सहयोग लिया जाए। रात्रि में महिला की गिरफ्तारी से बचा जाए।

- जहां बच्चों अथवा किशोरों की गिरफ्तारी की जानी हो वहां किसी भी सूरत में कोई भी बल प्रयोग या मार-पीट न की जाए। इस प्रयोजन के लिए पुलिस अधिकारी सम्मानीय नागरिकों की सहायता लें ताकि बच्चों अथवा किशोरों के साथ बर्बरता से बचा जा सके और कम-से-कम बल प्रयोग हो।
- जहां कहीं गिरफ्तारी बिना वारंट के की गई हो वहां गिरफ्तार किए गए व्यक्ति को तत्काल उस भाषा में, गिरफ्तारी के कारण बताए जाएं, जो भाषा वह समझता है। पुनः इस प्रयोजन के लिए आवश्यक हो तो सम्मानीय व्यक्तियों की सहायता ली जाए। ये कारण पुलिस रिकार्ड में भी लिखित रूप से दर्ज होने चाहिए। गिरफ्तार किए गए व्यक्ति को ये कारण लिखित में दिखाए जाने चाहिए और मांगने पर इसकी एक प्रति उसे दी जानी चाहिए (एस 50(1) अ.प्र.सं.)।
- गिरफ्तार किया व्यक्ति अनुरोध करके यह मांग कर सकता है कि उसके किसी मित्र, संबंधी या अन्य जानकार व्यक्ति को उसकी गिरफ्तारी और उस स्थान के बारे में सूचना दी जाए जहां उसे रखा गया है। पुलिस उस व्यक्ति का नाम रजिस्टर में दर्ज करें जिसे सूचना दी गई है (एस़ 50(1) अ.प्र.सं.)। (जोगिन्दर कुमार का मामला (सु.प्र.)।
- यदि गिरफ्तार व्यक्ति का अपराध ऐसा है जिसमें जमानत हो सकती है तो पुलिस अधिकारी उसे उस जमानत के बारे में बताएंगे जिसके आधार पर वह रिहा हो सकता है, ताकि वह जमानतियों का प्रबंध कर सके (एस. 50(2) अ.प्र.सं.)।
- गिरफ्तार किए गए व्यक्ति के, उसके उपर्युक्त अधिकार के बारे में बताने के अलावा पुलिस अधिकारी द्वारा उस व्यक्ति को उसके इस अधिकार के बारे में भी बताना चाहिए कि वह अपनी पसंद के किसी वकील अथवा बचावकर्त्ता से भी परामर्श ले सकता है। उसे यह भी बताना चाहिए कि वह राज्य सरकार

के खर्च पर निःशुल्क कानूनी सलाह लेने का भी पात्र है (डी. के. बसु का मामला (1997) एस.सी.सी)।

- जब गिरफ्तार किए गए किसी व्यक्ति को पुलिस थाने में ले जाया जाए और वह चिकत्सा सहायता का अनुराध करे तो उसे तत्काल चिकित्सा सहायता उपलब्ध कराई जाए। जब वह इसके लिए अनुरोध करे, उसे इस अधिकार के बारे में जरूर बताया जाए। जब किसी पुलिस अधिकारी को लगे कि गिरफ्तार किया गया व्यक्ति चिकित्सा सहायता मांगने की हालत में नहीं है परन्तु उसे इसकी जरूरत है तो उसे तत्काल इसका प्रबंध करना चाहिए। इसे भी एक रजिस्टर में अनिवार्य रूप में दर्ज करना चाहिए। महिला द्वारा चिकित्सा सहायता के लिए अनुरोध करने पर उसकी जांच केवल पंजीकृत महिला चिकित्सक द्वारा ही की जाए (एस. 53 अ.प्र.सं.)।
- गिरफ्तार करने वाले पुलिस अधिकारी द्वारा गिरफ्तार करने और गिरफ्तारी के स्थान के बारे में सूचना अविलंब पुलिस नियंत्रण कक्ष तथा जिला/राज्य मुख्यालय को भेजनी चाहिए। इस पर चौबीसों घंटे निगरानी रखने के लिए एक तंत्र अवश्य होना चाहिए।
- जैसे ही किसी व्यक्ति को गिरफ्तार किया जाता है वैसे ही गिरफ्तार करने वाले पुलिस अधिकारी द्वारा गिरफ्तारी रजिस्टर में यह अवश्य दर्ज करना चाहिए कि गिरफ्तार किए गए व्यक्ति के शरीर पर कोई चोट (चोटें) है अथवा नहीं। यदि गिरफ्तार किए गए व्यक्ति के शरीर पर कोई चोट पाई जाए तो चोट का ब्यौरा और चोट आने की वजह जैसे अन्य विवरण रजिस्टर में दर्ज किए जाएं, जिस पर पुलिस अधिकारी और गिरफ्तार किया गया व्यक्ति हस्ताक्षर करें। गिरफ्तार किये गए व्यक्ति को रिहा करते समय पुलिस अधिकारी के हस्ताक्षर से उक्त आशय का एक प्रमाण-पत्र, गिरफ्तार किए गए व्यक्ति को दिया जाए।

- यदि गिरफ्तार किए गए व्यक्ति को अदालत के आदेश से रिमांड पर पुलिस हिरासत में रखा जाए तो हिरासत के दौरान हर 48 (अड़तालीस) घंटे के बाद संबंधित राज्य अथवा संघ शासित क्षेत्र के निदेशक, स्वास्थ्य सेवा द्वारा नियुक्त किए गए प्रशिक्षित चिकित्सा अधिकारी द्वारा उसकी डॉक्टरी जांच की जानी चाहिए। पुलिस हिरासत से रिहा करते समय, गिरफ्तार किए गए व्यक्ति की डॉक्टरी जांच की जाए और उसे एक प्रमाण पत्र दिया जाए जिसमें उसके शरीर पर कोई चोट होने या न होने के बारे में वास्तविक स्थिति स्पष्ट की जाए।

गिरफ्तारी के बाद

- गिरफ्तार किए गए व्यक्ति को, गिरफ्तारी के 24 घंटे के अन्दर-अन्दर समुचित अदालत के समक्ष पेश करना चाहिए (एस. 56 और 57 अ.प्र.सं.)।
- गिरफ्तार किए गए व्यक्ति को, पूछताछ के दौरान किसी भी समय अपने वकील से मिलने की अनुमति दी जाए।
- पूछताछ, स्पष्ट रूप से पहचाने जाने वाले ऐसे स्थान पर करनी चाहिए जिसे सरकार द्वारा इस प्रयोजन के लिए अधिसूचित किया गया हो। उस स्थान पर आसानी से पहुँचा जा सकता हो और गिरफ्तार किए गए व्यक्ति के मित्रों अथवा संबंधियों को पूछताछ के स्थान के बारे में अवश्य बताया जाना चाहिए।
- जांच के तरीके जीवन, प्रतिष्ठा तथा स्वतंत्रता और उत्पीड़न व अपमानजनक व्यवहार के विरुद्ध मान्य अधिकारों के अनुकूल होने चाहिए।

दिशा-निर्देशों को लागू करना

1. दिशा-निर्देशों का यथासंभव अधिकाधिक भाषाओं में अनुवाद किया जाए और इन्हें प्रत्येक पुलिस थाने में वितरित किया जाए। इन्हें एक डायरी में शामिल किया जाए।

2. दिशा-निर्देशों का प्रेस और संचार माध्यमों में अधिक-से-अधिक प्रचार किया जाए। इन्हें प्रत्येक पुलिस स्टेशन के सूचना-पट्टों पर एक से अधिक भाषाओं में प्रमुखता से प्रदर्शित किया जाए।
3. पुलिस एक शिकायत निवारण तंत्र स्थापित करे, जो इन दिशा-निर्देशों के उल्लंघन की शिकायतों की तत्काल जांच पड़ताल करे और इस सम्बन्ध में निवारक कार्यवाही करे।
4. जिन सूचना पट्टों पर दिशा-निर्देश प्रदर्शित किए जाएं उन्हीं सूचना पट्टों पर शिकायत निवारण तंत्र का स्थान तथा वहां कैसे पहुचां जाए, इस बारे में भी संकेत होने चाहिए।
5. व्यापक प्रचार सुनिश्चित करने के लिए इन दिशा-निर्देशों के प्रचार में अदालतों, अस्पतालों, विश्वविद्यालयों आदि सहित गैर सरकारी संगठनों और जन संस्थाओं को शामिल किया जाए।
6. शिकायत निवारण तंत्र का कामकाज पारदर्शी हो और इस तक आसानी से पहुंचा जा सकता हो।
7. इन दिशा-निर्देशों का उल्लंघन करने वाले दोषी पुलिस अधिकारियों के विरुद्ध तत्काल जरूरी कार्यवाही की जाए। इसे केवल विभागीय जांच-पड़ताल तक सीमित न किया जाए, बल्कि इसे आपराधिक न्याय तंत्र के समक्ष प्रस्तुत किया जाए।
8. इन दिशा-निर्देशों के कारगर ढंग से कार्यान्वयन के लिए यह जरूरी है कि पुलिस अधिकारियों को संवेदनशील बनाया जाए तथा उनको प्रशिक्षित किया जाए।

परिशिष्ट (क)

सुप्रीम कोर्ट के पुलिस को आदेश डी॰ के॰ बासु बनाम प॰ बंगाल सरकार 1997

संयुक्त राष्ट्र के सन्दर्भ को ध्यान में रखकर अभी तक आंतकवाद से सम्बंधित अन्तरराष्ट्रीय स्तर की बारह उपसधियां अपनाई गई है। चूंकि इन उपसंधियों में निहित आंतकवाद से सम्बंधित एक स्पष्ट तथा सर्वमान्य परिभाषा का अभाव है अतः इस कमी को दूर करने के लिए प्रयास किए जा रहे हैं और वर्तमान में इस विषायक एक उपसंधि का मसौदा संयुक्त राष्ट्र महासभा के पास विचाराधीन है। आयोग ने भारत सरकार द्वारा उपसंधि पर सहमति प्राप्त करने हेतु किए गए प्रयासों की अनुशंसा की है। यद्यपि अन्तरराष्ट्रीय स्तर के प्रपत्रों में आंतकवाद की कोई प्रधिकृत परिभाषा उपलब्ध नहीं है तो भी राष्ट्रों ने इस के मूलभूत तत्वों का अनुमोदन कर दिया है।

इस तरह, इस विषायक अंतरराष्ट्रीय आतंकवाद उन्मूलन सम्बन्धी मानदण्डों की घोषणा संयुक्त राष्ट्र महासभा 9 दिसंबर 1994 को कर चुकी है।

राज्यों में आतंकवाद के तत्व

आतंकवादी कार्य को प्रभाषित करते हुए कहा गया है कि संयुक्त राष्ट्र महासभा द्वारा 9 दिसम्बर, 1994 को पारित "अन्तरराष्ट्रीय आतंकवाद

उन्मूलन सम्बन्धी घोषणा" में आतंकवाद के अर्न्तगत आने वाले अघोलिखित कार्यो को सम्मिलित किया गया है :-

> "राजनीतिक उद्देश्यों से प्रेरित ऐसे आपराधिक कार्य जो इरादतिन अथवा सुनियोजित ढंग से आतंक के माहौल को, जनसाधारण और जनसमूहों अथवा विशेष व्यक्तियों में, उत्तेजित करें"

घोषणा में आगे बल दे कर और स्पष्ट तौर पर कहा गया है कि प्रत्येक ऐसे कार्य को

> "हर हालत में अनुचित करार दिया जाना चाहिये चाहे फिर उसे राजनीतिक, दार्शनिक, सैद्धांतिक, प्रजातिय, मानवजातीय, धार्मिक अथवा अन्य लिहाज़ से उचित ठहराने का प्रयास किया गया हो"

विविध

इस के अतिरिक्त महासभा ने इस विषायक, सिलसिलेवार कई प्रस्ताव पारित किए हैं-जैसे "मानव अधिकार और आंतकवाद"; उन में से एक को प्रथम बार 20 दिसम्बर 1993 को अपनाया गया। महासभा ने इन प्रस्तावों में आतंकवाद के अन्तर्गत आने वाले ऐसे कार्यो, तरीकों और आचरणों को, चाहे फिर वे कोई शकल इखत्यार कर ले अथवा किसी ढंग से भी अभिव्यक्त हो, की साफ-साफ भर्त्सना की है। परन्तु उन सब का उद्देश्य मानवाधिकारों, मूल-भूत स्वतन्त्रता और लोकतन्त्र का हनन तथा राष्ट्रों की प्रादेशिक अखण्डता पर प्रहार करना हो अथवा उन का उद्देश्य, वैध ढंग से गठित सरकारों को अस्थायी करना, बहुलवादी सभ्य समाज की जड़ें खोदना और राष्ट्रों के आर्थिक और सामाजिक विकास पर प्रतिकूल प्रभाव डालना, हो सकता है।

इस के अतिरिक्त, "मानव अधिकार और आतंकवाद" नामक महासभा के प्रस्ताव में राष्ट्रों को अन्तरराष्ट्रीय मानव अधिकारों के मानकों के अनुसार आंतकवाद को रोकने, विरोध करने तथा उन्मूलन करने के उचित एवं कारगर ढंग अपनाने के लिए बराबर कहा गया है।

इसी प्रकार, संयुक्त राष्ट्र मानव अधिकार आयोग ने भी नियमित रूप से ऐसे ही प्रस्ताव अपनाए हैं।

आंतकवाद का सामना करने के लिए पहली बार संयुक्त राष्ट्र महासभा द्वारा 'मानवाधिकार और मूलभूत स्वतन्त्रता की रक्षा' नामक विषय पर विशेषरूप से एक प्रस्ताव 18 दिसम्बर, 2002 को अपनाया गया।

इस प्रस्ताव द्वारा यह भी पुष्टि की गई कि राष्ट्रों द्वारा आतंकवाद को रोकने सम्बन्धी उठाए गए कदम, अन्तरर्राष्ट्रीय कानून, विशेषकर अन्तरराष्ट्रीय मानवाधिकार, शरणार्थी एवं लोकोपकारवादी कानून, के अनुरूप ही हों।

इसी प्रस्ताव द्वारा राष्ट्रों को आतंकवाद को रोकने के लिए प्रोत्साहित करते हुए कहा गया है कि ऐसा करते हुए उन्हें संयुक्त राष्ट्र के मानवाधिकार सम्बन्धी प्रस्तावों और निर्णयों का ध्यान रखना चाहिये और यह भी आग्रह किया गया कि ऐसा करते हुए मानवाधिकार आयोग द्वारा सुझाए गई विशेष प्रक्रिया और क्रियाविधि पर प्रदत सिफारिशों और संयुक्त राष्ट्र मानवाधिकार संधि-पत्र से जुड़ी समिति की सम्बंधित टिका-टिप्पणियों और दृष्टिकोण को, ध्यान में रखा जाए।

अभी-अभी कुछ महीने पहले उन मानवाधिकार सन्धि-पत्र से जुड़ी समितियाँ ने राष्ट्रों की आतंकवाद के घिनोंने कृत्यों से अपने नागरिको को बचाने और उन्हें उन आतंकियों से न्यायसंगत सुरक्षा प्रदान करने सम्बन्धी चिन्ताओं और कर्तव्यों को पूरी तरह स्वीकारा है। इस स्वीकारोक्ति के संदर्भ में उन्होंने राष्ट्रों का, मानवाधिकारों सम्बन्धी दायित्व का आदर करते हुए इस कर्तव्य को निभाने के तौर-तरीकों पर भी, ध्यान केन्द्रित किया है।

उदाहरणार्थ, "मानवाधिकार संरक्षण से जुड़ी संयुक्त राष्ट्र और क्षैत्रीय संगठनों की विधिशास्त्र सम्बन्धी डाइजेस्ट" में हाल ही में संयुक राष्ट्र के मानवाधिकार सम्बन्धी उच्च आयोग द्वारा छापे गए निम्न तथ्य, इसी बात की पुष्टि करते है।

- 22 नवम्बर, 2001 को संयुक्त राष्ट्र की उत्पीड़न के खिलाफ गठित समिति (कैट) ने, उपसन्धि को अभिपुष्ट करते हुए गैर–अप्रतिष्ठित कार्यों के खिलाफ, उत्पीड़न तथा अन्य निर्दय, अमानुषिक एवं हीनभाव या दमन जैसे कृत्यों के खिलाफ हुई उपसन्धि, के भागीदार राष्टों को स्मरण कराया। यहाँ यह बात भी याद दिलाई जाती है कि भारत सरकार, इस उपसन्धि पर 14 अक्टूबर 1997 को हस्ताक्षर कर चुका है परन्तु इस को अभी तक उभिपुष्ट नहीं किया गया है ।
- 10 दिसम्बर, 2001 को, 11 सितम्बर 2001 को घटित दुखद घटनाओं के परिणाम के मद्देनज़र संयुक्त राष्ट्र के मानवाधिकार सम्बन्धी आयोग के, 17 विशेष रिर्पोटरों और स्वतन्त्र विशेषज्ञों ने एक संयुक्त वक्तव्य जारी कर, राष्ट्रों को अन्तरराष्ट्रीय कानून के तहत मानवाधिकार और बुनियादी स्वतन्त्रता को कायम रखने सम्बन्धी अपने दायित्व को निभाने के लिए स्मरण कराया। उन्होंने, मानवाधिकार प्रतिरक्षक, प्रवासी, अनाथाश्रम में शरण चाहने वाले, शरणार्थी, धामिर्क और मानवजातीय अध्पसंख्यिक, राजनीतिक उत्साही और मीडिया के लोगों के विशेष समूहों के प्रति किए गए मानवाधिकार उलंघन और उस के विरूद्ध उठाए गए ऐसे कदमों के प्रति, चेतवानी दी।
- 8 मार्च, 2002 को, संयुक्त राष्ट्र के जाति–भेद उन्मूलन समिति ने राष्ट्रों से प्रार्थना की कि वे इस बात का ध्यान रखें कि आतंकवाद के खिलाफ उठाये गये कदमों में ''किसी किसम का, जाति, रंग, वंशक्रम या राष्ट्र या मानव जाति के आधार पर इरादतन या प्रमावकारी भेदभाव न किया जाय।'' हर प्रकार के जातीय भेदभाव उन्मूलन सम्बन्धी सम्पन्न हुई उपसन्धि" (सी ई आर डी) का भारत भी एक राष्ट्र सदस्य है।
- अपने अधिकार क्षैत्र के अन्तर्गत, 1996 की नागरिक और राजनीतिक अधिकार प्राप्त अन्तरराष्ट्रीय प्रतिज्ञापत्र के तहत

स्थापित 'संयुक्त राष्ट्र की मानवाधिकार सम्बन्धी समिति' ने राष्ट्र सदस्यों द्वारा उस प्रतिज्ञापत्र के मद्देनज़र आतंकवाद पर लगाम लगाने के लिए उन द्वारा उठाये गए कदमों की प्रासंगिकता पर प्रस्तुत रिपोर्टों का अध्ययन करते हुए क्रमानुसार कई प्रश्न उठाए। इस सन्दर्भ में आप को याद होगा कि भारत भी इस प्रतिज्ञा पत्र का सहभागी राष्ट्र है जिस का उल्लेख 1993 के मानवाधिकार सुरक्षा एक्ट के प्रतिज्ञापत्र की धारा 2 (1) (डी) और (एफ) के अन्तर्गत दर्ज है। इस सन्दर्भ में वह बात अत्यन्त महत्वपूर्ण है जो 24 जुलाई 2001 को मानवाधिकार समिति द्वारा आई०सी०सी०पी०आर० की धारा के अन्तर्गत उठाई गई टिप्पणी, संख्या 29 के रूप में, दर्ज है। यह टिप्पणी काफी हद तक प्रतिज्ञापत्र की धाराओं के अन्तर्गत अधिकारों के वर्चस्व के अनुरूप है इन को कब और कितना कम किया जा सकता है।

इसी सन्दर्भ में इस बात को भी याद करना कम महत्वपूर्ण नहीं है कि सुरक्षा परिषद्ध के 28 सितम्बर 2001 के प्रस्ताव संख्या 1373 के अन्तर्गत सदस्यराष्ट्रों के लिए कानूनन नये दायित्व स्थापित किए है जिन के अन्तर्गत उनको आतंकवाद को रोकने के लिए कई विशेष कदम उठाने होंगे और आपस में सहयोग करना होगा। मानवाधिकार समिति ने इस प्रस्ताव के निहितार्थ व्यापक कार्यवाही करने हेतु, और बातों के इलावा, इस बात पर बल दिया है कि सुरक्षा परिषद्ध के प्रस्ताव संख्या 1373 के तहत बनाए जाने वाले कानून आई०सी०सी०पी०आर० के आशय के अनुरूप हों और इस बात का भी ध्यान रखा जाए कि आतंकवाद का हौआ मानवाधिकारों के लिए अभिशाप न बन जाय।

इस प्रकार हम देखते है कि संयुक्त राष्ट्र भी लगातार मानवाधिकारों के उलंघनों के बारे में कदम उठाता रहता है चाहे यह अवहेलना आतंकवादी या सरकारें कर रही हैं।

इस विषयक न्यायालय द्वारा दी गई व्यवस्था

हिरासत में होने वाले उग्र-व्यवहार को रोकने के लिए डी०के०बासु बनाम परिचमी बंगाल राज्य (1997) SSC 416 : 1997. AIR SCW 233) के मामले में, न्यायालय ने कुछ निम्नलिखित आधारभूत प्रावधानों का पालन करना निर्धारित किया ताकि जबतक इस विषायक कानूनी धाराओं का निर्माण नहीं हो जाता तबतक गिरफतारी और हवालात में बन्दी रखे व्यक्तियों के सभी मामलों से निपटा जा सके। ये प्रावधान अधोलिखित हैं :–

1. गिरफतारी और गिरफतार किए गए व्यक्ति की पूछताछ के लिए तैनात पुलिस कर्मी को अपनी पहचान को दर्शाने के लिए सुस्पष्ट, नाम और पदनाम सहित अंकित, एक पहचान-पत्र धारण करना चाहिए। ऐसे सभी पुलिस कर्मियों का, जो गिरफतार व्यक्तियों से पूछताछ का काम करने से सम्बंधित हैं, ब्योरा एक रजिस्टर में अंकित होना चाहिए।
2. पुलिस अधिकारी, गिरफतारी के समय, गिरफतार किए गए व्यक्ति के विषय में एक "गिरफतारी ज्ञापन-पत्र" तैयार करेगा जिस पर कम से कम एक गवाह के हस्ताक्षर होंगे जो गिरफतार व्यक्ति के रिश्तेदारों का कोई एक सदस्य अथवा जहां से गिरफतारी की गई है, उस जगह के आसपास का कोई एक आदरणीय व्यक्ति हो सकता है। इस पत्र पर गिरफतार व्यक्ति के, समय और तारीख सहित, प्रति-हस्ताक्षर होने चाहिए।
3. गिरफतार किए गए व्यक्ति को पुलिस स्टेशन अथवा पूछताछ केन्द्र अथवा दूसरी हवालात में बन्दी बनाकर रखने की सूरत में, यथाशीघ्र उसके किसी मित्र, रिश्तेदार अथवा किसी अन्य परिचित व्यक्ति अथवा कोई अन्य जो उसकी भलाई चाहता हो, को सूचित किया जाए कि उसे गिरफतार किया गया है और वह किस खास जगह बन्द है। ऐसा तभी किया जाय यदि वह

व्यक्ति गिरफ्तार व्यक्ति के "गिरफतारी ज्ञापन-पत्र" पर हस्ताक्षर करने वाले मित्र अथवा रिश्तेदार से भिन्न हो।

4. यदि गिरफतारशुदा व्यक्ति के मित्र या रिश्तेदार का निवास स्थान, गिरफतार किए गए स्थान से दूसरे जिला अथवा शहर में स्थित है, तो पुलिस को "कानूनी मदद करने वाली संस्था" और सम्बन्धित पुलिस स्टेशन की मारफत, 8 से 12 घन्टों की अवधि के भीतर ही तार द्वारा, अधिसूचित करना होगा कि गिरफतार व्यक्ति कब और कहाँ से गिरफतार किया गया है और उसे अब किस जगह पर बन्दी बना कर रखा गया है ।

5. गिरफतार किए गए व्यक्ति को अविलम्ब अपने हक के बारे में अवश्य अवगत कराना होगा ताकि वह अपनी गिरफतारी अथवा बन्दीगृह के बारे में किसी परिचित को सूचित कर सके।

6. बन्दी बना कर रखे गए स्थान पर, उस गिरफतार किए गए व्यक्ति सम्बन्धी प्रवृष्टि वहाँ रखे रजिस्टर में अवश्य की जाए, कि यहाँ पर गिरफतारशुदा व्यक्ति बन्दीगृह में रखा गया है और उस के नज़दीकी मित्र को उस की गिरफतारी की सूचना दे दी गई है। साथ में इस रजिस्टर में, गिरफतार करने वाले पुलिस कर्मी का नाम और अन्य ब्योरा भी अंकित किया जाना आवश्यक है।

7. यदि गिरफतारशुदा व्यक्ति प्रार्थना करे, तो गिरफतारी के समय, उस के शरीर पर लगी मामूली अथवा गम्भीर चोटों का परीक्षण किया जाए और यदि ऐसी चोटें लगी हुई हों, तो उन को दर्ज किया जाए। "गिरफतारी ज्ञापन-पत्र" पर गिरफतार व्यक्ति और गिरफतार करने वाले पुलिस अधिकारी, दोनों के हस्ताक्षर होने चाहिए और इस की एक-एक प्रति गिरफतार व्यक्ति और गिरफतार करने वाले पुलिस अधिकारी को मुहैया कराई जाए।

8. हिरासत में रखे गये गिरफतार व्यक्ति का प्रत्येक 48 घंटों में, एक बार राज्य अथवा केन्द्र शासित प्रदेश के स्वास्थ्य सेवाओं

के निदेशक द्वारा मंजूर शुदा डाक्टरों की नाम सूची में से किसी एक डाक्टर द्वारा डाक्टरी परीक्षण होना चाहिए।

9. उपरलिखित जिन का जिक्र हुआ है, ऐसे गिरफतारी ज्ञापन-पत्र सहित, सभी दस्तावेजों की प्रतियां इलाका मेजिस्ट्रेट को भेज दी जांय।

10. गिरफतारशुदा व्यक्ति को पूछताछ के दौरान, अपने वकील से मिलने की इजाजत दी जा सकती है परन्तु ऐसी सहुलियत पूरी पूछताछ प्रक्रिया के दौरान नहीं दी जा सकती।

11. सभी जिला और राज्य मुख्यालयों में पुलिस कंट्रोल कक्ष मुहय्या कराए जांए, जहां गिरफतारी के 12 घंटों के भीतर गिरफतारशुदा व्यक्ति की गिरफतारी और हिरासत में रखे गए व्यक्ति के बारे में, गिरफतार करने वाले अधिकारी द्वारा सूचित किया जा सके। और पुलिस कंट्रोल कक्ष में तत्सम्बन्धी सूचना को, एक ध्यानाकर्षी सूचना-पट पर प्रदर्शित किया जाना चाहिए।

12. न्यायालय ने यह भी मत प्रगट किया कि उपर्युक्त प्रावधानों के अनुपालन में असफल रहने की स्थिति में सम्बंधित कर्मी के खिलाफ, विभागीय कार्यवाही के अतिरिक्त, न्यायालय की अवहेलना का मामला बना कर सज़ा दी जा सकती है। और इस मामले में मुकदमें की कार्यवाही, क्षैत्रीय अधिकार प्राप्त, देश के किसी उच्च-न्यायालम में, चलाई जा सकती है।

न्यायालय ने इस दिया में यह भी अनुपालन करने को कहा कि-(1997) AIR SCW 233. पैरा (4)1:

"उपर्युक्त प्रावधानों को प्रत्येक राज्य/केन्द्र शासित प्रदेश के पुलिस महानिदेशक और गृहसचिव को भेजा जाए। और यह भी कहा कि यह उन का दायित्व होगा कि वे इन प्रावधानों को अपने अधीन आने वाले प्रत्येक पुलिस स्टेशन को भेजें जो इन्हें ध्यानाकर्षी सूचनापट पर प्रदर्शित करें। इन प्रावधानों को दूरदर्शन के नेटवर्क पर दिखाने और इन प्रावधानों

को स्थानीय भाषाओं में प्रकाशित कर पैम्फलेटों के रूप में बांटने के इलावा, आल इंडिया रेडियो पर प्रसारण कराने से विशेष लाभ होगा तथा इन प्रावधानों को जन-जान तक पहुँचाने में मदद मिलेगी। हमारा मत है कि गिरफतार व्यक्ति को अधिकारों की जानकारी करवाना हिरासत में होने वाले अपराधों के रोकने की दिशा में एक उचित कदम होगा जिस से तत्सम्बन्धी की जाने वाली कार्यवाही में पारदर्शिता और उत्तरदायित्व की भावना नज़र आएगी। आशा की जाती है कि इन प्रावधानों की बदौलत छानबीन और पूछताछ के दौरान हिरासत में रखे, गिरफतार व्यक्तियों के प्रति होने वाले अपराधों पर लगने वाले प्रश्नचिन्ह चाहें बिलकुल जड़ से खत्म न हों परन्तु कुछ हद तक रोकने में कामयाब होगें।

परिशिष्ट (ख)

मानव अधिकार संरक्षण अधिनियम, 1993

(1994 का अधिनियम संख्या 10)

8 जनवरी, 1994

मानव अधिकारों के अधिक अच्छे संरक्षण के लिए तथा उससे सम्बद्ध या उसे आनुषंगिक मामलों के लिए राष्ट्रीय मानव अधिकार आयोग, राज्य मानव अधिकार आयोग एवं मानव अधिकार न्यायालयों के गठन हेतु प्रावधान करने के लिए अधिनियम।

भारत गणतंत्र राज्य के चवालीसवें वर्ष में संसद द्वारा निम्न प्रकार अधिनियमित किया गया–

अध्याय 1 : प्रारंभिक

1. **संक्षिप्त शीर्षक, विस्तार एवं प्रारंभ**– 1. ये अधिनियम "**मानव अधिकार संरक्षण अधिनियम**, 1993" कहलायेगा।

2. यह सम्पूर्ण भारत में लागू होगा : परन्तु यह कि वह जम्मू एवं कश्मीर राज्य पर उसी सीमा तक लागू होगा जहाँ तक उसका सम्बन्ध उस राज्य प्रयोज्य संविधान की सातवीं अनुसूची में 1 या सूची 2 में वर्णित प्रविष्टियों से संबंधित मामलों से है।

3. यह 28 दिसम्बर 1993 से प्रभाव में आया हुआ समझा जायेगा।

2. **परिभाषाएं** (1) इस अधिनियम में, जब तक कि संदर्भ द्वारा अन्यथा अपेक्षित न हो–

(क) **'सशस्त्र बल'** से अभिप्राय नौ सेना, थल सेना एवं वायु सेना से है। तथा इसमें संघ सरकार के अन्य सशस्त्र बल शामिल हैं;

(ख) **'अध्यक्ष'** से अभिप्राय आयोग के या राज्य आयोग के, जैसी सभी स्थिति हो, अध्यक्ष से है;

(ग) **'आयोग'** से अभिप्राय धारा 3 के अधीन गठित राष्ट्रीय मानव अधिकार आयोग से है;

(घ) **'मानव अधिकार'** से अभिप्राय संविधान द्वारा गारण्टीकृत तथा अन्तर्राष्ट्रीय प्रसंविदाओं में सम्मिलित एवं भारत में न्यायालयों द्वारा प्रवर्तनीय व्यक्तियों के जीवन, स्वतंत्रता, समानता एवं गरिमा से है;

(ङ) **'मानव अधिकार न्यायालय'** से अभिप्राय धारा 30 में विनिर्दिष्ट मानव अधिकार न्यायालय से है;

(च) **'अंतर्राष्ट्रीय प्रसंविदा'** से अभिप्राय सिविल एवं राजनीतिक अधिकारों पर अन्तर्राष्ट्रीय प्रसंविदा एवं 16 दिसम्बर, 1966 को संयुक्त राष्ट्र की साधारण सभा द्वारा अंगीकृत आर्थिक, सामाजिक एवं सांस्कृतिक अधिकारों पर अन्तर्राष्ट्रीय प्रसंविदा से है;

(छ) **'सदस्य'** से अभिप्राय आयोग के या राज्य आयोग के, जैसी भी स्थिति हो सदस्य से है तथा इसमें अध्यक्ष शामिल है।

(ज) **'अल्पसंख्यकों के लिए राष्ट्रीय आयोग'** से अभिप्राय अल्पसंख्यकों के लिए राष्ट्रीय आयोग अधिनियम, 1992 की धारा 3 के अधीन गठित अल्पसंख्यकों के लिए राष्ट्रीय आयोग से है;

(झ) **'अनुसूचित जातियों एवं अनुसूचित जनजातियों के लिए राष्ट्रीय आयोग'** से अभिप्राय संविधान के अनुच्छेद 338 में

वर्णित अनुसूचित जातियों एवं अनुसूचित जनजातियों के लिए राष्ट्रीय आयोग से है;

(ञ) **'महिलाओं के लिए राष्ट्रीय आयोग'** से अभिप्राय महिलाओं के लिए राष्ट्रीय अयोग अधिनियम, 1990 की धारा 3 के अधीन गठित महिलाओं के लिए राष्ट्रीय आयोग से है;

(ट) **'अधिसूचना'** से अभिप्राय शासकीय राजपत्र में प्रकाशित अधिसूचना से है;

(ठ) **'लोक सेवक'** का अभिप्राय वह होगा जो भारतीय दण्ड संहिता की धारा 21 में उसे दिया गया है।

(ङ) **'राज्य आयोग'** अभिप्राय धारा 21 के अधीन गठित राज्य मानव अधिकार आयोग से है;

(2) इस अधिनियम में कानून का, जो जम्मू एवं कश्मीर राज्य में प्रवृत्त नहीं है, किसी भी सन्दर्भ का उस राज्य के संबंध में इस तरह अर्थ किया जायेगा जैसे कि मानों वह उस राज्य में प्रवृत्त तदनुरूप विधि, यदि कोई हो, का संदर्भ हो।

अध्याय 2

राष्ट्रीय मानव अधिकार आयोग

3. **राष्ट्रीय मानव अधिकार आयोग का गठन**– (1) भारत सरकार राष्ट्रीय मानव अधिकार आयोग के रूप में जानी जाने वाली एक संस्था का, इस अधिनियम के अधीन उसे प्रदत्त शक्तियों के प्रयोग में, तथा उसे समनुदेशित कार्यों को निष्पादित करने के लिए गठन करेगी।

(2) आयोग में निम्न होंगे–

(क) अध्यक्ष जो उच्चतम न्यायालय का मुख्य न्यायमूर्ति रहा है;

(ख) एक सदस्य, जो उच्चतम न्यायालय का सदस्य है, या सदस्य रहा है;

(ग) एक सदस्य, जो उच्च न्यायालय का मुख्य न्यायाधीश है, या मुख्य न्यायाधीश रहा है;

(घ) दो सदस्य जिनकी नियुक्ति उन व्यक्तियों में से की जायेगी जिन्हें मानव अधिकारों से संबंधित मामलों का ज्ञान हो, या उसमें व्यावहारिक अनुभव हो।

(3) अल्पसंख्यकों के लिए राष्ट्रीय आयोग, अनुसूचित जाति एवं अनुसूचित जनजातियों के लिये राष्ट्रीय आयोग एवं महिलाओं के लिए राष्ट्रीय आयोग, के अध्यक्षों को धारा 12 के खंडों (ख) से (ञ) में विनिर्दिष्ट कार्यों के निर्वहन के लिए आयोग के सदस्य समझा जायेगा।

(4) एकमहासचिव होगा जो आयोग का मुख्य कार्यपालक अधिकारी होगा तथा वह आयोग की ऐसी शक्तियों को प्रयोग एवं ऐसे कार्यों का निर्वहन करेगा जो वह उसे प्रत्यायोजित करेगा।

(5) आयोग का मुख्य कार्यालय दिल्ली में होगा तथा आयोग भारत सरकार की पूर्व अनुमति से, भारत में अन्य स्थानों पर कार्यालय स्थापित करेगा।

4. **अध्यक्ष एवं अन्य सदस्यों की नियुक्ति** (1) अध्यक्ष एवं सदस्यों को राष्ट्रपति द्वारा, अपने हस्ताक्षर एवं मुद्रा सहित अधिपत्र द्वारा, नियुक्त किया जायेगा :

परंतु यह कि इस उपधारा के अधीन प्रत्येक नियुक्ति समिति की, जिसमें निम्न होंगे, सिफारिशें प्राप्त करने के बाद की जायेगी–

(क) प्रधानमंत्री	अध्यक्ष
(ख) लोकसभा का अध्यक्ष	सदस्य
(ग) भारत सरकार में गृह मंत्रालय का मंत्री प्रभारी	सदस्य
(घ) लोकसभा में विपक्ष का नेता	सदस्य
(ङ) राज्य सभा में विपक्ष के नेता	सदस्य

(च) राज्य सभा का उपसभापति सदस्य

परन्तु यह और कि उच्चतम न्यायालय का कोई आसीन न्यायाधीश या उच्च न्यायालय का आसीन मुख्य न्यायाधीश, भारत के मुख्य न्यायमूर्ति से परामर्श करने के अलावा, नियुक्त नहीं किया जायेगा।

(2) अध्यक्ष या सदस्य की कोई नियुक्ति केवल समिति में कोई रिक्ति होने के कारण अमान्य नहीं होगी।

5. **आयोग के सदस्य का हटाया जाना**– (1) उपधारा (2) के उपबंधों के अध्यधीन रहते हुए, आयोग का अध्यक्ष या किसी सदस्य को उसके पद से, राष्ट्रपति के आदेश द्वारा उनके उच्चतम न्यायालय को निर्देश दिये जाने पर, उच्चतम न्यायालय के द्वारा इस संबंध में विहित प्रक्रिया के अनुसार की गई जांच पर यह रिपोर्ट देने के बाद कि अध्यक्ष या ऐसा अन्य सदस्य, यथास्थिति, को किसी ऐसे सिद्ध कदाचार या अक्षमता के आधार पर हटाया जाना चाहिए, हटाया जायेगा।

2. उपधारा (1) में किसी बात के होते हुए भी राष्ट्रपति अध्यक्ष या किसी अन्य सदस्य को आदेश द्वारा पद से हटा देगा, यदि अध्यक्ष या ऐसा अन्य सदस्य, यथास्थिति–

(क) दिवालिया न्यायनिर्णीत कर दिया गया; या

(ख) अपने पद के कर्त्तव्यों के बाहर किसी वैतनिक रोजगार में अपने कार्यकाल में लगता है; या

(ग) मस्तिष्क या शरीर की दुर्बलता के कारण पद पर बने रहने के लिए अयोग्य है; या

(घ) विकृत चित्त का है एवं सक्षम न्यायालय द्वारा इस प्रकार घोषित कर दिया गया है; या

(ङ) किसी अपराध के लिये जो राष्ट्रपति की राय में नैतिक पतन वाला है, दोष सिद्ध हो गया है एवं उसे कारागार की सजा दे दी गई है।

6. **सदस्यों की पदावधि**– (1) अध्यक्ष के रूप में नियुक्त व्यक्ति उस दिनांक से जिसको वह अपने पद पर प्रवेश करेगा, पांच वर्ष की अवधि के लिये या जब तक वह सत्तर वर्ष की आयु का नहीं होगा, इनमें जो भी पूर्व में हो, पद को धारित करेगा।

(2) सदस्य के रूप में नियुक्त व्यक्ति उस दिनांक से जिसको वह अपने पद पर प्रवेश करेगा, पांच वर्ष की अवधि के लिये पद को धारित करेगा तथा पांच वर्षों की दूसरी अवधि के लिये पुनर्नियुक्ति हेतु पात्र होगाः परंतु यह कि कोई भी सदस्य सत्तर वर्ष की आयु प्राप्त करने के बाद, पद को धारण नहीं करेगा।

(3) पद पर नहीं रहने पर, अध्यक्ष या सदस्य भारत सरकार या किसी राज्य की सरकार के अधीन आगे और नियुक्ति के लिए अपात्र होगा।

7. **कुछ परिसिथितियों में सदस्य द्वारा अध्यक्ष के रूप में कार्य करना या उसके कार्यों का निर्वहन करना**– (1) अध्यक्ष की मृत्यु होने, त्यागपत्र देने के कारण या अन्यथा प्रकार से उसका पद रिक्त होने की दशा में, राष्ट्रपति, अधिसूचना द्वारा, सदस्यों में से किसी एक को अध्यक्ष के रूप में कार्य करने के लिए, उस रिक्ति को भरने के लिए नये अध्यक्ष की नियुक्ति किये जाने तक के लिये, प्राधिकृत करेगा।

(2) जब अध्यक्ष अवकाश पर अनुपस्थिति के कारण या अन्यथा अपने कार्यों का निर्वहन करने में असमर्थ हो,उन सदस्यों में से ऐसा एक जिसे राष्ट्रपति, अधिसूचना द्वारा इस संबंध में प्राधिकृत करे, अध्यक्ष के कार्यों का निर्वहन उस दिनांक तक करेगा, जिसको कि अध्यक्ष अपने कर्त्तव्यों का पुनर्ग्रहण करेगा।

8. **सदस्यों की सेवा की शर्तें**– सदस्यों की संदेय वेतन एवं भत्ते एवं उनकी सेवा की अन्य शर्तें व निबन्धन, वे होंगी जो विहित की जायेंगी।

परन्तु यह कि किसी सदस्य के न तो वेतन एवं भत्ते और न सेवा की शर्तें एवं निबन्धन उसकी नियुक्ति के बाद उसके लिए अलाभकारी रूप में परिवर्तित नहीं की जायेंगी।

9. **रिक्ति से आयोग की कार्रवाई अविधिमान्य नहीं होगी**– आयोग के गठन में किसी पद रिक्ति की विद्यमानता या उसमें किसी त्रुटि होने के आधार पर, आयोग का किसी कृत्य या कार्रवाई को प्रश्नगत या अविधिमान्य नहीं किया जायेगा।

10. **प्रक्रिया का आयोग द्वारा विनियमन किया जाना**– (1) आयोग ऐसे समय एवं स्थान पर बैठक करेगा जिसे अध्यक्ष उचित समझेगा।

(2) आयोग अपनी स्वयं की प्रक्रिया को विनियमित करेगा।

(3) आयोग के समस्त आदेश एवं विनिश्चय महासचिव या इस संबंध में अध्यक्ष द्वारा विधिवत प्राधिकृत आयोग के किसी अन्य अधिकारी द्वारा अधिप्रमाणित किये जायेंगे।

11. **आयोग के अधिकारी एवं अन्य कर्मचारी**– (1) भारत सरकार आयोग के लिये निम्न को उपलब्ध करायेगी–

(क) भारत सरकार के सचिव के रेंक का एक अधिकारी जो आयोग का महासचिव होगा,

एवं

(ख) एक ऐसे अधिकारी के अधीन, जो महानिदेशक, पुलिस के रेंक से नीचे का नहीं होगा, ऐसी पुलिस एवं अन्वेषणकर्त्ता कर्मचारी एवं ऐसे अन्य अधिकारी एवं कर्मचारी जो आयोग के कार्यों को कुशलतापूर्वक निष्पादित के लिए आवश्यक हों।

(2) ऐसे नियमों के अधीन जो इस संबंध में भारत सरकार द्वारा बनाये जायेंगे, आयोग ऐसे अन्य प्रशासनिक, तकनीकी एवं वैज्ञानिक स्टाफ नियुक्त करेगा जिसे वह आवश्यक समझेगा।

(3) उपधारा (2) के अधीन नियुक्त अधिकारियों एवं अन्य कर्मचारियों के वेतन, भत्ते एवं उनकी सेवा की शर्तें वे होंगी जो निर्धारित की जायेंगी।

अध्याय 3

आयोग के कृत्य एवं शक्तियाँ

12. आयोग के कृत्य– आयोग निम्नलिखित सभी या किन्हीं कृत्यों का निष्पादन करेगा, अर्थात्–

(क) स्वप्रेरणा से या किसी पीड़ित या उसकी ओर से किसी व्यक्ति द्वारा उसे प्रस्तुत याचिका पर,

(1) मानव अधिकारों के उल्लंघन या उसके अपशमन की; या

(2) किसी लोक सेवक द्वारा इस उल्लंघन को रोकने में उपेक्षा; की शिकायत की जांच करेगा,

(ख) किसी न्यायालय के समक्ष लम्बित मानव अधिकारों के उल्लंघन के किसी अभिकथन वाली किसी कार्रवाई में उस न्यायालय की अनुमति से हस्तक्षेप करेगा;

(ग) राज्य सरकार को सूचना देने के अध्यधीन, राज्य सरकार के नियंत्रणाधीन किसी जेल या किसी अन्य संस्था का, जहाँ पर उपचार, सुधार या संरक्षण के प्रयोजनार्थ व्यक्तियों को निरुद्ध किया जाता है या रखा जाता है, निवास करने वालों की जीवन की दशाओं का अध्ययन करने एवं उस पर सिफारिशें करने के लिए निरीक्षण करेगा,

(घ) मानव अधिकारों के संरक्षण के लिये संविधान या तत्समय प्रवृत्त किसी कानून द्वारा या उसके अधीन प्राविधित सुरक्षाओं का पुनर्विलोकन करेगा तथा उनके प्रभावी क्रियान्वयन के लिए सिफारिशें करेगा;

(ङ) उन कारकों का, जिसमें उग्रवाद के कृत्य भी हैं, मानव अधिकारों के उपभोग में बाधा डालते हैं, पुनर्विलोकन करेगा एवं उपयुक्त

उपचारात्मक उपायों की सिफारिश करेगा;

(च) मानव अधिकारों पर सन्धियों एवं अन्य अन्तर्राष्ट्रीय लेखों का अध्ययन करेगा तथा उनके प्रभावी क्रियान्वयन के लिये सिफारिश करेगा;

(छ) मानव अधिकारों के क्षेत्र में अनुसंधान एवं उसे प्रोन्नत करेगा;

(ज) समाज के विभिन्न खंडों में मानव अधिकार साक्षरता का प्रसार करेगा तथा प्रकाशकों, साधनों (मीडिया), सेमिनारों एवं अन्य उपलब्ध साधनों के माध्यम से इन अधिकारों के संरक्षण के लिये उपलब्ध सुरक्षाओं के प्रति जागरूकता को विकसित करेगा;

(झ) मानव अधिकारों के क्षेत्र में कार्य करने वाले गैर-सरकारी संगठनों एवं संस्थाओं के प्रयत्नों को प्रोत्साहन देगा;

(ञ) ऐसे अन्य कृत्य करेगा जिन्हें वह मानव अधिकारों के संवर्धन के लिए आवश्यक समझेगा।

13. **जांच से संबंधित शक्तियाँ**–(1) आयोग, इस अधिनियम के अधीन शिकायतों की जाँच करते समय, सिविल प्रक्रिया सँहिता, 1908 के अंतर्गत वाद का तथा विशेष रूप से निम्न मामलों के संबंध में, विचारण करते हुए, सिविल न्यायालय की समस्त शक्तियाँ रखेगा, अर्थात्–

(क) साक्षियों को बुलाना तथा उनकी उपस्थिति प्रवर्तित करना एवं शपथ पर उनकी परीक्षा करना;

(ख) किसी भी दस्तावेज को खोजना एवं प्रस्तुत करना;

(ग) हलफनामों पर साक्ष्य प्राप्त करना;

(घ) किसी भी न्यायालय या कार्यालय से किसी लोक अभिलेख या उसकी प्रति के लिए अधियाचना करना;

(ङ) साक्षियों या दस्तावेजों की परीक्षा के लिए कमीशन जारी करना;

(च) अन्य कोई मामला जो विहित किया जायेगा।

(2) आयोग को किसी व्यक्ति से, किसी विशेषाधिकार के अध्यधीन रहते हुए जिसे उस व्यक्ति तत्समय प्रवृत्त किसी विधि के अंतर्गत क्लेम किया जायेगा, ऐसे बिन्दुओं या मामलों पर, जो आयोग की राय में जांच के विषय के लिये उपयोग होंगे, या उससे सुसंगत होंगे, सूचना प्रस्तुत करने के लिए कहने की शक्तिं प्राप्त होगी तथा इस प्रकार से उपेक्षा किये गये व्यक्ति को भारतीय दण्ड संहिता की धारा 176 एवं धारा 177 के अर्थान्तर्गत ऐसी सूचना देने के लिए बाध्य हुआ समझा जायेगा।

(3) आयोग या कोई अन्य अधिकारी जो राजपत्रित अधिकारी के नीचे के रैंक का नहीं होगा, एवं आयोग द्वारा इस संबंध में विशेष रूप से प्राधिकृत किया गया है, किसी ऐसे भवन या स्थान में प्रवेश करेगा जहाँ पर आयोग कारणों से यह विश्वास करता है कि जांच के विषय में संबंधित कोई दस्तावेज पाया जा सकेगा, तथा दण्ड प्रक्रिया संहिता, 1973 की धारा 100 के, जहाँ तक वह प्रयोज्य है, उपबंधों के अध्यधीन रहते हुए ऐसे दस्तावेज को अधिग्रहीत कर सकेगा या उससे उद्धरण या प्रतिलिपियाँ ले सकेगा।

(4) आयोग को सिविल न्यायालय होने के रूप में समझा जायेगा एवं जब कोई अपराध जो भारतीय दण्ड संहिता की धारा 175, धारा 178, धारा 179, धारा 180 या धारा 228 में वर्णित है, आयोग के मत में या उसकी उपस्थिति में किया जाता है, तो अपराध का गठन करने वाले तथ्यों को तथा दण्ड प्रक्रिया संहिता, 1973 में यथा उपबंधित अभियुक्त के बयानों को लेखबद्ध करने के बाद, उस मामले को, उस पर विचारण करने का क्षेत्राधिकार रखने वाले मेजिस्ट्रेट को अग्रेषित करेगा तथा मेजिस्ट्रेट, जिसे वह मामला अग्रेषित किया जायेगा, उस अभियुक्त के विरुद्ध शिकायत को सुनने की कार्रवाई उसी तरह करेगा जैसे मानों वह मामला उसे दण्ड प्रक्रिया संहिता, 1973 की धारा 346 के अंतर्गत अग्रेषित किया गया है।

(5) आयोग के समक्ष प्रत्येक कार्रवाई को धारा 193 व 228 के अर्थान्तर्गत तथा भारतीय दण्ड संहिता की धारा 196 के प्रयोजनार्थ,

न्यायिक कार्रवाई के रूप में समझा जायेगा, तथा आयोग को दण्ड प्रक्रिया संहिता, 1973 की धारा 195 एवं अध्याय-26 के समस्त प्रयोजनों के लिए सिविल न्यायालय होना समझा जायेगा।

14. **अनुसंधान**–(1) आयोग, जांच से संबंधित कोई अन्वेषण कराने के प्रयोजन के लिए, भारत सरकार या किसी राज्य सरकार के किसी अधिकारी या अन्वेषण एजेन्सी की सेवाओं का उपयोग भारत सरकार या राज्य सरकार यथास्थिति, की सहमति से करेगा।

(2) जांच से संबंधित किसी मामले में अन्वेषण करने के प्रयोजनार्थ, कोई भी अधिकारी या एजेन्सी, जिसकी सेवाओं का उपयोग उपधारा (1) के अधीन किया गया है, आयोग के निर्देश एवं नियंत्रण के अध्यधीन रहते हुए–

(क) किसी व्यक्ति को समन कर सकेगी तथा उसकी उपस्थिति को प्रवर्तित कर सकेगी एवं उसकी परीक्षा कर सकेगी;

(ख) किसी दस्तावेज की खोज करने एवं प्रस्तुत करने की अपेक्षा कर सकेगी;

(ग) किसी कार्यालय से किसी लोक अभिलेख या उसकी प्रति के लिये अधियाचना कर सकेगी।

(3) धारा 15 के उपबंध किसी अधिकारी या एजेंसी के, जिसकी सेवाओं का उपधारा (1) के अधीन उपयोग किया गया है, समक्ष किसी व्यक्ति द्वारा दिये गये किसी बयान के सम्बन्ध में उसी तरह लागू होंगे जैसे वे आयोग के समक्ष साक्ष्य देने के दौरान किसी व्यक्ति द्वारा दिये गये किन्हीं बयानों के संबंध में लागू होते हैं।

(4) अधिकारी या एजेन्सी जिसकी सेवाओं का उपयोग उपधारा (1) के अधीन किया गया है, जाँच से संबंधित किसी मामले में अन्वेषण करेगा तथा उस पर प्रतिवेदन आयोग को ऐसी अवधि के भीतर प्रस्तुत करेगा जो इस संबंध में आयोग द्वारा विहित की जायेगी।

(5) आयोग अभिकथित तथ्यों एवं धारा (4) के अधीन उसे प्रस्तुत किये गये प्रतिवेदन में निकाले गये परिणामों, यदि कोई हों, की सत्यता के बारे में अपना समाधान करेगा तथा इस प्रयोजन के लिये आयोग ऐसी जाँच (जिसमें उन व्यक्तियों की परीक्षा भी शामिल है जिन्होंने अन्वेषण किया या उसमें सहायता की) करेगा जो वह उचित समझेगा।

15. **आयोग को व्यक्तियों द्वारा किया गया अभिकथन**– आयोग के समक्ष साक्ष्य देने के दौरान व्यक्ति द्वारा किया गया कोई अभिकथन, उस अभिकथन द्वारा झूठी साक्ष्य देने के लिए, अभियोग चलाने के सिवाय किसी सिविल या आपराधिक कार्रवाई के अध्यधीन नहीं होगा या उसके विरुद्ध उपायों में नहीं लिया जायेगा :

परन्तु यह कि वह अभिकथन–

(क) उस प्रश्न के उत्तर में किया गया हो जिसका उत्तर देने के लिये आयोग द्वारा उससे अपेक्षा की गई हो; या

(ख) जांच के विषय से सुसंगत हो।

16. **प्रतिकूल प्रभाव डालने की संभावना पर व्यक्तियों की सुनवाई**– यदि किसी जांच के किसी स्तर पर, आयोग–

(क) किसी व्यक्ति के आचरण के बारे में जाँच करना आवश्यक समझता हो; या

(ख) यह राय रखता हो कि किसी व्यक्ति की प्रतिष्ठा पर उस जांच से प्रतिकूल प्रभाव पड़ने की संभावना है;

तो वह उस व्यक्ति को जांच में सुने जाने का तथा अपने बचाव में साक्ष्य प्रस्तुत करने का युक्तियुक्त अवसर प्रदान करेगा :

परन्तु यह कि इस धारा की कोई बात, जहाँ किसी साक्षी की साख पर आक्षेप लगाया गया है, लागू नहीं होगी।

अध्याय-4

प्रक्रिया

17. **शिकायतों की जांच**– आयोग मानव अधिकारों के उल्लंघन की शिकायतों की जांच करते समय–

1. भारत सरकार या किसी राज्य सरकार या उसके अधीनस्थ किसी अन्य प्राधिकारी या संगठन से सूचना या प्रतिवेदन ऐसे समय के भीतर मंगवायेगा जो उसके द्वारा विनिर्दिष्ट किया जायेगा :

परन्तु यह कि–

(क) यदि वह सूचना या प्रतिवेदन आयोग द्वारा निर्धारित समय के भीतर प्राप्त नहीं होता है, तो वह स्वयं शिकायत की जांच करने के लिए कार्रवाई करेगा,

(ख) यदि सूचना या प्रतिवेदन के प्राप्त होने पर, आयोग का इससे समाधान हो जाता है कि या तो आगे और जाँच करना अपेक्षित नहीं है या संबंधित सरकार या प्राधिकारी द्वारा अपेक्षित कार्रवाई प्रारंभ कर दी गई है या कर ली गई है, तो वह शिकायत पर कार्रवाई नहीं करेगा तथा तदनुसार शिकायतकर्त्ता को सूचना देगा;

2. खंड (1) में अंतर्विष्ट किसी बात पर प्रतिकूल प्रभाव डाले बिना, यदि शिकायत की प्रकृति को ध्यान में रखते हुए, आवश्यक समझे तो जांच प्रारंभ कर सकेगा।

18. **जाँच के बाद कदम**–आयोग इस अधिनियम के अधीन आयोजित जाँच के पूरो होने पर निम्नलिखित में कोई कदम उठा सकता है अर्थात्–

1. जहाँ जाँच मानव अधिकारों का उल्लंघन करने को या किसी लोक सेवक द्वारा मानव अधिकारों के उल्लंघन के निवारण में उपेक्षा को प्रकट करती है तो वह सरकार या प्राधिकारी को अभियोजन की कार्रवाई या ऐसी अन्य कार्रवाई प्रारंभ करने की सिफारिश करेगा जिसे आयोग सम्बन्धित व्यक्ति या व्यक्तियों के विरुद्ध उचित समझेगा;

2. उच्चतम न्यायालय या संबंधित उच्च न्यायालय में ऐसे निर्देश, आदेश या रिटों के लिये जाएगा जो वह न्यायालय आवश्यक समझेगा;

3. पीड़ित या उसके परिवार के सदस्य को ऐसी तुरन्त राहत, जिसे आयोग आवश्यक समझेगा, प्रदान करने की संबंधित सरकार या प्राधिकारी को सिफरिश करेगा;

4. खंड (5) के उपबंधों के अध्यधीन जाँच प्रतिवेदन की एक प्रति याची (पिटीशनर) या उसके प्रतिनिधि को देगा;

5. आयोग अपने जाँच प्रतिवेदन की एक प्रति अपनी सिफारिशों के साथ संबंधित सरकार या प्राधिकारी को भेजेगा तथा संबंधित सरकार या प्राधिकारी एक माह की अवधि या ऐसे और समय के भीतर जिसे आयोग स्वीकृत करेगा, उस प्रतिवेदन पर अपने अभिमत, उस पर की गई या की जाने हेतु प्रस्तावित कार्यवाही के साथ आयोग को अग्रेषित करेगा;

6. आयोग अपने जाँच प्रतिवेदन को संबंधित सरकार या प्राधिकारी के अभिमतों, यदि कोई हों, तथा आयोग की सिफारिशों पर संबंधित सरकार या प्राधिकारी द्वारा दी गई या की जाने लिए प्रस्तावित कार्रवाई को प्रकाशित करायेगा।

19. **सशस्त्र बलों के संबंध में प्रकिया**–(1) इस अधिनियम में अन्तर्विष्ट किसी बात के होते हुए भी, सशस्त्र बल के सदस्यों द्वारा मानव अधिकारों के उल्लंघन की शिकायतों को निपटाते समय, आयोग निम्नलिखित प्रक्रिया अपनायेगा, अर्थात्–

(क) वह या तो स्वप्रेरणा से या प्रार्थना (पिटीशन) के प्राप्त होने पर, भारत सरकार से एक प्रतिवेदन मंगवायेगा;

(ख) प्रतिवेदन प्राप्त होने के बाद, वह या तो शिकायत पर कार्रवाई नहीं करेगा, या यथास्थिति उस सरकार को अपनी सिफारिशें करेगा;

2. भारत सरकार उन सिफारिशों पर की गई कार्रवाई की सूचना आयोग को तीन माह या ऐसे और समय के भीतर देगा जो आयोग ...ीकृत करेगा।

3. आयोग अपने प्रतिवेदन को भारत सरकार को की गई अपनी सिफारिशों, एवं उन सिफारिशों पर उस सरकार द्वारा की गई कार्रवाई के साथ प्रकाशित करेगा।

4. आयोग याची या उसके प्रतिनिधि को उप धारा (3) के अधीन प्रकाशित प्रतिवेदन की एक प्रति देगा।

20. **आयोग के वार्षिक एवं विशेष प्रतिवेदन**– (1) आयोग भारत सरकार एवं संबंधित राज्य सरकार को एक वार्षिक प्रतिवेदन प्रस्तुत करेगा तथा किसी भी ऐसे मामले पर, जो उसकी राय में, इतनी आवश्यकता एवं महत्त्व का है कि वार्षिक प्रतिवेदन प्रस्तुत किये जाने तक उसे आस्थगित नहीं रखा जाना चाहिए, विशेष प्रतिवेदन प्रस्तुत करेगा।

2. भारत सरकार या राज्य सरकार, यथास्थिति आयोग के वार्षिक एवं विशेष प्रतिवेदनों को, आयोग की सिफारिशों पर की गई या की जाने के लिए प्रस्तावित कार्रवाई के ज्ञापन एवं उन सिफारिशों को स्वीकार नहीं करने के कारणों, यदि कोई हों, के साथ संसद के प्रत्येक सदन या राज्य विधानसभा के समक्ष, यथास्थिति, प्रस्तुत करायेगी।

अध्याय-5 राज्य मानव अधिकार आयोग

21. **राज्य मानव अधिकार आयोग का गठन**– (1) एक राज्य सरकार....(राज्य का नाम) मानव अधिकार आयोग के रूप में की जाने वाली एक संस्था का इस अध्ययन के अधीन उसे प्रदत्त शक्तियों के प्रयोग में, तथा राज्य आयोग को समनुदेशित कार्यों को निष्पादित करने के लिए, गठन करेगी।

2. आयोग में निम्न होंगे–

(क) अध्यक्ष जो उच्च न्यायालय का एक मुख्य न्यायाधीश है या रहा है;

(ख) एक सदस्य, जो उच्च न्यायालय का सदस्य है, या रहा है;

(ग) एक सदस्य, जो उस राज्य में एक जिला न्यायाधीश है या रहा है;

(घ) दो सदस्य जिनकी नियुक्ति उन व्यक्तियों में से की जायेगी जिन्हें मानव अधिकारों से संबंधित मामलों का ज्ञान हो या उसमें व्यावहारिक अनुभव हो।

3. एक सचिव होगा जो राज्य आयोग का मुख्य कार्यपालक अधिकारी होगा तथा राज्य आयोग की ऐसी शक्तियों का प्रयोग करेगा एवं ऐसे कार्यों का निर्वहन करेगा जो उसे प्रत्योजित किये जायेंगे।

4. राज्य आयोग का मुख्य कार्यालय ऐसे स्थान पर होगा जो राज्य सरकार, अधिसूचना द्वारा, विर्निर्दिष्ट करेगी।

5. राज्य आयोग संविधान की सातवीं अनुसूची-2 एवं सूची-3 में उल्लिखित प्रविष्टियों में किसी से संबंधित मामलों के बारे में ही मानव अधिकारों के उल्लंघन की जाँच करेगा:

परन्तु यह कि यदि ऐसे किसी मामले पर पहले से ही आयोग या तत्समय प्रवृत्त किसी विधि के अधीन विधिवत गठित किसी अन्य आयोग द्वारा जाँच की जा रही हो तो राज्य आयोग उक्त मामले में जांच नहीं करेगा।

परंतु यह और जम्मू एवं कश्मीर मानव अधिकार आयोग के संबंध में, यह उपधारा इस प्रकार प्रभाव रखेगी जैसे कि मानों शब्दों एवं अंकों से संविधान की सातवीं अनुसूची में सूची-2 सूची-3 को शब्द एवं अंक "संविधान की सातवीं अनुसूची में सूची-3 जो जम्मू एवं कश्मीर राज्य पर तथा उन मामलों के सम्बन्ध में प्रयोज्य है, जिनके संबंध में उस राज्य के विधानमण्डल को नियम बनाने की शक्ति हैं", द्वारा प्रतिस्थापित किया गया है।

22. **राज्य आयोग के अध्यक्ष एवं अन्य सदस्यों की नियुक्ति**– (1) अध्यक्ष एवं सदस्यों की नियुक्ति राज्यपाल द्वारा अपने हस्ताक्षर एवं मुद्रासहित अधिपत्र द्वारा की जायेगी : परंतु यह कि इस उपधारा के

अधीन प्रत्येक नियुक्ति, समिति की, जिसमें निम्न होंगे, सिफारिश प्राप्त करनेके बाद की जायेगी–

(क) मुख्य मंत्री	अध्यक्ष
(ख) विधान सभा का अध्यक्ष	सदस्य
(ग) उस राज्य में गृह मंत्रालय का प्रभारी मंत्री	सदस्य
(घ) विधान सभा में विपक्ष के नेता	सदस्य

परंतु यह और कि जहाँ किसी राज्य की विधान परिषद है, वहाँ उस परिषद का सभापति एवं परिषद में विपक्ष के नेता भी समिति के सदस्य होंगे।

2. राज्य आयोग के अध्यक्ष या सदस्य कोई नियुक्ति समिति में पात्र किसी रिक्ति के कारण अधिमान्य नहीं होगी।

23. **राज्य आयोग के सदस्य का हटाया जाना**– (1) उपधारा (2) के उपबंधों के अध्यधीन रहते हुए, राज्य आयोग का अध्यक्ष या किसी सदस्य को उसके पद से, राष्ट्रपति के आदेश द्वारा, उच्चतम न्यायालय को निर्देश दिये जाने पर, उच्चतम न्यायालय के द्वारा, उस संबंध में विहित प्रक्रिया के अनुसार की गई जांच पर यह रिपोर्ट देने के बाद कि अध्यक्ष या ऐसा अन्य सदस्य, यथास्थिति को किसी ऐसे सिद्ध कदाचार या अक्षमता के आधार पर हटाया जाना चाहिए, हटाया जायेगा।

2. उपधारा (1) में किसी बात के होते हुए भी, राष्ट्रपति अध्यक्ष या किसी अन्य सदस्य को आदेश द्वारा पद से हटा देगा, यदि अध्यक्ष या ऐसा अन्य सदस्य, यथास्थिति–

(क) दिवालिया न्याय निर्णीत कर दिया गया है; या

(ख) अपने कार्यकाल में अपने पद के कर्त्तव्यों के बाहर किसी वैतनिक रोजगार में लगता है; या

(ग) मस्तिष्क या शरीर की दुर्बलता के कारण पद पर बने रहने के लिए अयोग्य है; या

(घ) विकृत चित्त का है एवं सक्षम न्यायालय द्वारा इस प्रकार घोषित कर दिया गया है; या

(ङ) किसी अपराध के लिए जो राष्ट्रपति की राय में नैतिक पतन वाला है, सिद्ध हो गया है एवं उसे कारागार की सजा दे दी गई है।

24. **राज्य आयोग के सदस्यों की पदावधि**– (1) अध्यक्ष के रूप में नियुक्त व्यक्ति उस दिनांक जिसको वह अपने पद पर प्रवेश करेगा, पांच वर्ष की अवधि के लिये या जब तक वह सत्तर वर्ष की आयु का नहीं होगा, इनमें से जो भी पूर्व में हो, पद को धारित करेगा।

(2) सदस्य के रूप में नियुक्त व्यक्ति उस दिनांक से जिसको वह अपने पद पर प्रवेश करेगा, पांच वर्ष की अवधि के लिए, पद को धारित करेगा तथा पांच वर्षों की दूसरी अवधि के लिए पुनर्नियुक्ति हेतु पात्र होगा:

परन्तु यह कि कोई भी सदस्य सत्तर वर्ष की आयु प्राप्त करने के बाद पद को धारण नहीं करेगा।

(3) पद पर नहीं रहने पर, अध्यक्ष या सदस्य, राज्य सरकार या भारत सरकार के अधीन आगे और नियुक्ति के लिए अपात्र होगा।

25. **कुछ परिस्थितियों में सदस्य द्वारा अध्यक्ष के रूप में कार्य करना या उसके कार्यों का निर्वहन करना**– (1) अध्यक्ष की मृत्यु होने पर, त्यागपत्र देने के कारण या अन्यथा प्रकार से उसका पद रिक्त होने की दशा में, राज्यपाल, अधिसूचना द्वारा, सदस्यों में से किसी एक को अध्यक्ष के रूप में कार्य करने के लिए, उस रिक्ति को भरने के लिए नये अध्यक्ष की नियुक्ति किये जाने तक के लिए, प्राधिकृत होगा।

(2) जब अध्यक्ष अवकाश पर अनुपस्थिति के कारण या अन्यथा अपने कार्यों का निर्वहन करने में असमर्थ हो, उन सदस्यों में से ऐसा एक जिसे राज्यपाल, अधिसूचना द्वारा इस संबंध में प्राधिकृत करे, अध्यक्ष के

कार्यों का निर्वहन उस दिनांक तक करेगा जिसको कि अध्यक्ष अपने कर्त्तव्यों को पुनर्ग्रहण करेगा।

26. **राज्य आयोग के सदस्यों की सेवा की शर्तें**– सदस्यों को संदेय वेतन एवं भत्ते, एवं उनकी सेवा की अन्य शर्तें व निबन्धन, वे होंगी जो राज्य सरकार द्वारा विहित की जायेंगी :

परन्तु यह कि किसी सदस्य के न तो वेतन एवं भत्ते और न उसकी सेवा की शर्तें, एवं निबन्धन, उनकी नियुक्ति के बाद उसके लिए अलाभकारी रूप में परिवर्तित नहीं की जायेंगी :

27. **राज्य आयोग के अधिकारी एवं अन्य कर्मचारी**– (1) राज्य सरकार आयोग के लिए निम्न को उपलब्ध करायेगी–

(क) एक अधिकारी जो राज्य सरकार के सचिव के रेंक से नीचे का नहीं होगा जो राज्य आयोग का सचिव होगा; एवं,

(ख) एक ऐसे अधिकारी के अधीन जो महानिरीक्षिक, पुलिस के रेंक से नीचे का नहीं होगा, ऐसी पुलिस एवं अन्वेषणकर्त्ता कर्मचारी एवं ऐसे एवं अन्य कर्मचारी जो राज्य आयोग के कार्यों के कुशलतापूर्वक निष्पादन के लिए आवश्यक होंगे।

2. ऐसे नियमों के अध्यधीन जो इस संबंध में राज्य द्वारा बनाये जायेंगे, राज्य आयोग ऐसे अन्य प्रशासनिक, तकनीकी एवं वैज्ञानिक स्टाफ नियुक्त करेगा जिसे वह आवश्यक समझेगा।

3. उपधारा (2) के अधीन नियुक्त अधिकारियों एवं अन्य कर्मचारियों के वेतन, भत्ते एवं उनकी सेवा की शर्तें वे होंगी जो राज्य सरकार द्वारा विहित की जायेंगी।

28. **राज्य आयोग के वार्षिक एवं विशेष प्रतिवेदन**– (1) राज्य आयोग राज्य सरकार को एक वार्षिक प्रतिवेदन प्रस्तुत करेगा तथा किसी भी समय किसी भी मामले पर, जो उसकी राय में, इतनी आवश्यकता एवं महत्त्व का है वार्षिक प्रतिवेदन प्रस्तुत किये जाने तक उसे आस्थगित नहीं रखा जाना चाहिए, विशेष प्रतिवेदन प्रस्तुत करेगा।

2. राज्य सरकार, राज्य आयोग के वार्षिक एवं विशेष प्रतिवेदनों को, आयोग की सिफारिश पर की गई या की जाने के लिए प्रस्तावित कार्रवाई के ज्ञापन एवं उन सिफारिशों को स्वीकार नहीं करने के कारणों, यदि कोई हों, के साथ राज्य विधान मण्डल के जहाँ इसके दो सदन हों, प्रत्येक सदन या जहाँ विधान मंडल में केवल एक सदन हो, उस सदन के समक्ष प्रस्तुत करायेगी।

29. **राष्ट्रीय आयोग से संबंधित कुछ उपबंधों का राज्य आयोगों पर प्रयोज्य होना**-धाराएँ 9, 10, 12, 13, 15, 16, 17 एवं 18 के उपबंध राज्य आयोग पर लागू होंगे तथा निम्नलिखित उपान्तरणों के अध्यधीन होंगे, अर्थात्–

(क) 'आयोग' के सन्दर्भ का अर्थ 'राज्य आयोग' के संदर्भ में किया जायेगा,

(ख) धारा 10 की उपधारा (3) में, शब्द 'महासचिव' के स्थान पर शब्द 'सचिव' प्रतिस्थापित किया जायेगा,

(ग) धारा 12 में, खंड (च) को विलोपित किया जायेगा,

(घ) धारा 17 के खंड (प) में, शब्द 'भारत सरकार' या कोई विलोपित किये जायेंगे।

अध्याय 6 – मानव अधिकार न्यायालय

30. **मानव अधिकार न्यायालय**– मानव अधिकारों के उल्लंघन से उत्पन्न अपराधों के शीघ्र विचारण का उपबंध करने के लिए, राज्य सरकार, उच्च न्यायालय के मुख्य न्यायाधीश की सहमति से, अधिसूचना द्वारा प्रत्येक जिले के लिए उक्त अपराधों पर विचारण करने के लिए एक सत्र न्यायालय को मानव अधिकार न्यायालय होने के रूप में विनिर्दिष्ट करेगी: परन्तु यह कि इस धारा की कोई बात लागू नहीं होगी यदि-

(क) सत्र न्यायालय से पहले ही विशेष न्यायलय विनिर्दिष्ट किया गाया है; या

(ख) वर्तमान में प्रवृत्त किसी अन्य विधि के अधीन ऐसे अपराधों के लिए विशेष न्यायालय पहले ही गठित किया गया है।

31. **विशिष्ट लोक अभियोजक**– प्रत्येक मानव अधिकार न्यायालय के लिए, राज्य सरकार, अधिसूचना द्वारा न्यायालय में मामलों को संचालित करने के प्रयोजनार्थ एक विशिष्ट लोक अभियोजक के रूप में किसी एक लोक अभियोजक को विनिर्दिष्ट करेगी या किसी ऐसे एडवोकेट को नियुक्त करेगी जो एडवोकेट के रूप में कम से कम सात वर्षों से प्रेक्टिस में रहा है।

अध्याय-7 वित्त, लेखा एवं लेखा परीक्षा

32. भारत सरकार द्वारा अनुदान- (1) भारत सरकार, इस संबंध में कानून के अनुसार इस संबंध में संसद द्वारा विनियोजन करने के बाद, अनुदान के रूप में आयोग को ऐसी धनराशि का संदाय करेगी जिसे भारत सरकार इस अधिनियम के प्रयोजनार्थ उपयोग किये जाने हेतु उपयुक्त समझेगी।

(2) आयोग इस अधिनियम के अधीन कार्यों को निष्पादित करने के लिए ऐसी राशि व्यय करेगी जो वह उचित समझे, तथा ऐसी राशि के उपधारा (1) में निर्दिष्ट अनुदानों में से संदेय व्यय के रूप में समझा जायेगा।

33. **राज्य सरकार द्वारा अनुदान**- (1) राज्य सरकार, इस संबंध में कानून के अनुसार विधानमण्डल द्वारा विनियोजन करने के बाद, अनुदान के रूप में राज्य आयोग को ऐसी धनराशि का संदाय करेगा जिसे राज्य सरकार इस अधिनियम के प्रयोजनार्थ उपयोग किये जाने हेतु उपयुक्त समझेगी।

2. राज्य आयोग अध्याय 5 के अधीन कार्यों के निष्पादन के लिए ऐसी राशि व्यय करेगी जो वह उचित समझे, तथा ऐसी राशि को उपधारा (1) में निर्दिष्ट अनुदानों में से संदेय व्यय के रूप में समझा जायेगा।

34. **लेखे एवं लेखा परीक्षा**– (1) आयोग उचित लेखे एवं सुसंगत अभिलेख रखेगा तथा लेखों का वार्षिक विवरण ऐसे प्रपत्र में तैयार करेगा जो भारत के नियंत्रक एवं महालेखा परीक्षक के परामर्श से भारत सरकार द्वारा विहित किया जायेगा।

(2) आयोग के लेखों की लेखा परीक्षा नियंत्रक एवं महालेखा परीक्षक द्वारा ऐसे अन्तरालों पर कराई जायेगी जो उसके द्वारा विनिर्दिष्ट किये जायेंगे एवं ऐसी लेखा परीक्षा के संबंध में किया गया कोई भी व्यय आयोग द्वारा नियंत्रक एवं महालेखा परीक्षक को संदेय होगा।

(3) नियंत्रक एवं महालेखा परीक्षक एवं इस अधिनियम के अधीन आयोग के लेखों की लेखा परीक्षा के संबंध में उसके द्वारा नियुक्त किया गया कोई भी व्यक्ति, ऐसा लेखा परीक्षा के सम्बन्ध में वे ही अधिकार, विशेषाधिकार एवं प्राधिकार रखेगा जो नियंत्रक एवं महालेखा परीक्षक सामान्यतया सरकारी लेखों की लेखा परीक्षा के संबंध में रखता है, एवं विशेष रूप से, आयोग की पुस्तकों, लेखों, संबंधित वाउचरों एवं अन्य दस्तावेजों एवं कागज़ों को मांगने का, तथा आयोग के कार्यालयों का निरीक्षण करने का अधिकार होगा।

(4) नियंत्रक एवं महालेखा परीक्षक या इस संबंध में उसके द्वारा नियुक्त किसी अन्य व्यक्ति द्वारा यथा प्रमाणित, आयोग के लेखों को, उस पर लेखा परीक्षा प्रतिवेदन के साथ, आयोग द्वारा हर वर्ष भारत सरकार को अग्रेषित किया जायेगा तथा भारत सरकार इसे प्राप्त करने के बाद, यथा शक्य शीघ्र, संसद के प्रत्यंक सदन के सामने प्रस्तुत करवायेगीं।

35. **राज्य आयोग के लेखे एवं लेखा परीक्षा** (1) आयोग उचित लेखे एवं सुसंगत अभिलेख रखेगा तथा लेखों का वार्षिक विवरण ऐसे प्रपत्र में तैयार करेगा जो भारत नियंत्रक एवं महालेखा परीक्षक के परामर्श से राज्य सरकार द्वारा विहित किया जायेगा।

(2) राज्य आयोग के लेखों की लेखा परीक्षा नियंत्रक एवं महालेखा परीक्षक द्वारा ऐसे अन्तरालों पर कराई जायेगी जो उसके द्वारा विनिर्दिष्ट

किये जायेंगे एवं ऐसी लेखा परीक्षा के संबंध में किया गया कोई भी व्यय आयोग द्वारा नियंत्रक एवं महालेखा परीक्षक को संदेय होगा।

(3) नियंत्रक एवं महालेखा परीक्षक एवं इस अधिनियम के अधीन राज्य आयोग के लेखों की लेखा परीक्षा के संबंध में उसके द्वारा नियुक्त किया गया कोई भी व्यक्ति, ऐसी लेखा परीक्षा के संबंध में वे ही अधिकार, विशेषाधिकार एवं प्राधिकार रखेगा जो नियंत्रक एवं महालेखा परीक्षक सामान्यतया सरकारी लेखों की लेखा परीक्षा के संबंध में रखता है, एवं विशेष रूप से, उसे आयोग की पुस्तकों, लेखों, संबंधित वाउचरों एवं अन्य दस्तावेजों एवं कागजातों को मांगने का, तथा आयोग के कार्यालयों का निरीक्षण करने का अधिकार होगा।

(4) नियंत्रक एवं महालेखा परीक्षक या इस संबंध में उसके द्वारा नियुक्त किसी अन्य व्यक्ति द्वारा यथा प्रमाणित, राज्य आयोग के लेखों को उस पर लेखा परीक्षा प्रतिवेदन के साथ, राज्य आयोग द्वारा हर वर्ष राज्य सरकार को अग्रेषित किया जायेगा तथा राज्य सरकार इसे प्राप्त करने के बाद, यथाशक्य शीघ्र राज्य विधान मंडल के समक्ष प्रस्तुत करवायेगी।

अध्याय 8
विविध

36. **मामले जो आयोग की अधिकारिता में नहीं आते** (1) आयोग ऐसे किसी मामले में जाँच नहीं करेगा जो राज्य आयोग या वर्तमान में प्रवृत्त किसी विधि के अधीन किसी अन्य आयोग के समक्ष लम्बित है।

(2) आयोग या राज्य आयोग उस तारीख से जिसको कि मानव अधिकारों के उल्लंघन करने वाला कृत्य किये जाने का आरोप किया गया है, एक वर्ष की अवधि समाप्त होने के बाद किसी मामले में जाँच नहीं करेगा।

37. **विशेष अन्वेषण दल का गठन**– वर्तमान में प्रवृत्त किसी अन्य विधि में अन्तर्विष्ट किसी बात के होते हुए भी, जहाँ सरकार ऐसा

करने का विचार करती हो, मानव अधिकारों के उल्लंघन के उत्पन्न अपराधों के अन्वेषण एवं अभियोजन के लिए आवश्यक एक या अधिक विशेष अन्वेषण दलों, जिनमें पुलिस अधिकारी होंगे, का गठन करेगा।

38. **सद्भाव में की गई कार्रवाई का अभियोजन**– भारत सरकार, राज्य सरकार, आयोग, राज्य आयोग या उसके किसी व्यक्ति या भारत सरकार, आयोग या राज्य आयोग में से किसी के निर्देश के अधीन कार्य करने वाला कोई व्यक्ति, के विरुद्ध किसी ऐसी चीज के संबंध में सद्भाव में की गई है या इस अधिनियम या तद्धीन निर्मित किन्हीं नियमों या किन्हीं आदेशों में किये जाने के लिए आशयित है या भारत सरकार, राज्य सरकार, आयोग या राज्य आयोग के प्राधिकार द्वारा या के अधीन किसी प्रतिवेदन, पेपर या कार्रवाई के प्रकाशन के संबंध में, कोई वाद या अन्य कानूनी कार्रवाई नहीं की जायेगीं।

39. **सदस्य एवं अधिकारी लोक सेवक होंगे**– आयोग, राज्य आयोग का प्रत्येक सदस्य एवं इस अधिनियम के अधीन कृत्यों का प्रयोग करने के लिए आयोग या राज्य आयोग द्वारा नियुक्त प्रत्येक अधिकारी को भारतीय दण्ड संहिता की धारा 21 के अर्थान्तर्गत लोक सेवक समझा जायेगा।

40. **भारत सरकार की नियम बनाने की शक्ति**– (1) भारत सरकार, इस अधिनियम के उपबंधों को निष्पादित कराने के लिए, अधिसूचना द्वारा, नियम बना सकती है।

(2) विशेष रूप से तथा पूर्वोक्त शक्ति की सामान्यतया, पर प्रतिकूल प्रभाव डाले बिना, ये नियम निम्नलिखित सभी या किन्ही मामलों के लिये उपबंध कर सकते हैं, अर्थात्–

(क) धारा 5 के अधीन सदस्यों के वेतन एवं भत्ते तथा उनकी सेवा की अन्य शर्तें;

(ख) शर्तें जिनके अध्यधीन अन्य प्रशासनिक, तकनीकी एवं वैज्ञानिक स्टॉफ की नियुक्ति आयोग द्वारा की जायेगी तथा धारा 11 की

उपधारा (3) के अधीन अधिकारियों एवं अन्य स्टॉफ के वेतन एवं भत्ते;

(ग) धारा 13 की उपधारा (1) के खंड (च) के अधीन विहित किये जाने हेतु अपेक्षित सिविल न्यायालय की कोई अन्य शक्ति;

(घ) प्रपत्र जिसमें धारा 34 की उपधारा (1) के अधीन आयोग द्वारा लेखों का वार्षिक विवरण तैयार किया जाना है; एवं

(ङ) कोई अन्य मामला जिसे विहित किया जाना है या विहित किया जायेगा।

3. इस अधिनियम के अंतर्गत बनाया गया प्रत्येक नियम, उसके बनाये जाने के बाद यथा शक्य शीघ्र संसद के प्रत्येक सदन के समक्ष जब वह तीस दिन की कुल अवधि के लिए सत्र में हो जो एक सत्र या दो या दो से अधिक क्रमिक सत्रों को मिला कर हो सकती है, प्रस्तुत रखा जायेगा एवं यदि उस सत्र या क्रमिक सत्रों के ठीक बाद वाले सत्र की समाप्ति से पूर्व, दोनों सदन नियमों में कोई उपान्तरण करने के लिए सहमत हो जाते हैं या दोनों सदन यह स्वीकार करते हैं कि नियम नहीं बनाये जाने चाहिए, तो वह नियम उसके बाद उस उपान्तरित रूप में ही प्रभाव रखेगा या यथास्थिति, निष्प्रभावी होगा; किन्तु तथापि यह कि ऐसा कोई भी उपान्तरण या निराकरण से उस नियम के अधीन पूर्व में की गई किसी चीज की विधिमान्यता पर प्रतिकूल प्रभाव नहीं पड़ेगा।

40 क. **पूर्ववर्ती प्रभाव से नियम बनाने की शक्तियाँ**—धारा 40 की उपधारा (2) के खण्ड (ख) के अधीन नियम बनाने की शक्तियों में पूर्ववर्ती प्रभाव से, जो इस अधिनियम को राष्ट्रपति की सम्मति प्राप्त होने की तिथि से पूर्व प्रभाव वाले नहीं होंगे, नियम बनाने की शक्ति सम्मिलित होगी, लेकिन ऐसा कोई नियम ऐसे किसी व्यक्ति के, जिस पर यह नियम होते हैं, हितों को पूर्ववर्ती प्रभाव से प्रतिकूलतया प्रभावित नहीं करेंगे।

41. **राज्य सरकार की नियम बनाने की शक्ति**– (1) राज्य सरकार, इस अधिनियम के उपबंधों को निष्पादित कराने के लिए, अधिसूचना द्वारा, नियम बना सकती है।

(2) विशेष रूप से तथा पूवोक्त शक्ति की सामान्यता पर प्रतिकूल प्रभाव डाले बिना, ये नियम निम्नलिखित सभी या किन्हीं मामलों के लिए उपबंध कर सकते हैं, अर्थात्

(क) धारा 26 के अधीन सदस्यों के वेतन एवं भत्ते तथा उनकी सेवा की अन्य शर्तें;

(ख) शर्तें जिनके अध्यधीन अन्य प्रशासनिक, तकनीकी एवं वैज्ञानिक स्टाफ की नियुक्ति राज्य आयोग द्वारा की जायेगी तथा धारा 27 की उपधारा (3) के अधीन अधिकारियों एवं अन्य स्टाफ के वेतन एवं भत्ते;

(ग) प्रपत्र जिसमें धारा 35 की उपधारा (1) के अधीन लेखों का वार्षिक विवरण तैयार किया जाना है।

(3) इस धारा के अधीन बनाया गया प्रत्येक नियम, उसके बनाये जाने के बाद, यथाशक्य शीघ्र, राज्य विधान मण्डल के जहाँ दो सदन हों, प्रत्येक सदन के समक्ष या जहाँ विधान मंण्डल का एक सदन हो, उस सदन के समक्ष जायेगा।

42. **कठिनाइयों के निराकृत करने की शक्ति**–(1) यदि इस अधिनियम के उपबंधों को क्रियान्वित करने में कोई कठिनाई उत्पन्न होती है तो भारत सरकार, शासकीय राजपत्र में प्रकाशित आदेश द्वारा ऐसे उपबंध करेगी, जो इस अधिनियम के उपबंधों से असंगत नहीं होंगे, तथा जो कठिनाई के निराकरण के लिए आवश्यक या समीचीन होना प्रतीत होते हों:

परंतु यह कि ऐसा कोई आदेश इस अधिनियम के प्रारंभ होने की तारीख से दो वर्ष की अवधि समाप्त होने के बाद नहीं किया जायेगा।

(2) इस धारा के अधीन दिया गया प्रत्येक आदेश, उसके बनाये जाने के बाद यथाशीघ्र, संसद के प्रत्येक सदन के सामने रखा जायेगा–

43. **निरसन एवं व्यावृत्ति**–(1) मानव अधिकार संरक्षण अध्यादेश, 1993 को एतद् द्वारा निरस्त किया जाता है।

(2) ऐसे निरसन के होते हुए भी उक्त अध्यादेश के अधीन की गई कोई चीज या कोई कार्रवाई को, इस अधिनियम के तद्नुसार उपबंधों के अधीन किया हुआ या लिया हुआ समझा जायेगा।

परिशिष्ट (ग)

कुछ महत्वपूर्ण मामलों में राष्ट्रीय मानव अधिकार आयोग के निर्देश

अनुक्रमणिका

1. पुलिस हिरासत में मौत,
2. जेल में मौत,
3. पोस्टमार्टम की वीडियो फिल्म,
4. पुलिस के साथ मुठभेड़ में मौत,
5. राष्ट्रीय मानव अधिकार के अधिकारियों द्वारा पुलिस हवालातों का निरीक्षण,
6. गिरफ्तारी के बारे में निर्देश जो सभी थानों और पुलिस अधिकारियों को बतायें जाएं,
7. राज्यों और पुलिस मुख्यालयों में मानव अधिकार कक्षों के बारे में दिशा-निर्देश,
8. पुलिस और जनता में सम्पर्क और विश्वास बढ़ाने के बारे में कुछ सुझाव,

9. ज़िला स्तर पर शिकायतों के बारे में प्राधिकरण बनाने के बारे में हिदायतें,

10. मानव अधिकार संस्कृति का सृजन।

---

1. चौबीस घंटों में हिरासत में होने वाली मौतों/बलात्कारों के बारे में प्रतिवेदन प्रस्तुत करने सम्बन्धी सभी सचिवों को लिखा गया पत्र

संख्या 66/SG/NHRC/93

राष्ट्रीय मानव अधिकार आयोग
सरदार पटेल भवन, नई दिल्ली

द्वारा: आर०वी०पिल्लाई 14 दिसम्बर, 1993
महासचिव

सेवा में,

राज्य और केन्द्र शासित प्रदेशों के
सभी मुख्य सचिव

महोहय/महोदया,

राष्ट्रीय मानव अधिकार आयोग की इसी महीने की 6 तारीख को सम्पन्न हुई वैठक में हिरासत में होने वाली मौतों और बलात्कारों की समस्याओं पर विवेचन हुआ। इस तरह की वारदातों की और इन्हें दबाने की कथित कोशिशों की अथवा समय के बीतने पर इन वारदातों की अलग ही तस्वीर पेश करना, जैसे मसलों की बढ़ती संख्या के मद्देनज़र आयोग ने यह पर्यवेक्षण किया कि प्रत्येक जिला के, जिला मजिस्ट्रेट और पुलिस अधीक्षक को अविलम्ब निर्देश जारी किए जांय कि वह आयोग के महासचिव को, ऐसी वारदातों के बारे में वारदात के धटित होने अथवा इन अधिकारियों को जब ज्ञात हो, के 24 घन्टों के भीतर, सूचित करें।

शीध्र जानकारी उपलब्ध न कराने की स्थिति में इस धारणा को बल मिलेगा कि ऐसी बारदात को दबाने की कोशिश की गई है।

2. तदनुसार निवेदन किया जाता है कि जिला मेजिस्ट्रेटों/पुलिसाधिक्षिकों को उचित निर्देश जारी किए जांए कि वे हिरासत में होने वाली मौतों/बलात्कारों की वारदातों के बारे में सूचना अधोहस्ताक्षरित के पास शीध्र भिजवाने को सुनिस्थित करें।

आप का विश्वासी,

हस्ता०

(आर०वी० पिल्लई)

---

2. पुलिस हिरासत में हुई मौतों से इतर न्यायिक हिरासत में हुई मौतों के बारे में सूचना प्रेषित करने सम्बन्धी मुख्य सचिवों को लिखा गया पत्र

संख्या 40/3/95-एल०डी०

राष्ट्रीय मानव अधिकार आयोग

आर०वी०पिल्लई 21जून,1995

महासचिव

सेवा में,

राज्य और केन्द्र शासित प्रदेशों

के मुख्य सचिव

महोदय/महोदया,

आपको पत्र संख्या 66/SG/NHRC/93 दिनांक 14 दिसम्बर, 1993 के माध्यम से निवेदन किया गया था कि जिला मेजिस्ट्रेटों पुलिसाधिक्षकों को उचित निर्देश जारी करें कि वे हिरासत में हुई मौतों/बलात्कारों के बारे में शीध्र सूचना भिजवानों को सुनिश्चित करें।

2. उपर्युक्त पत्र के उत्तर में जिला मेजिस्ट्रेटों, पुलिसाधिक्षकों से प्राप्त रिपोर्टो के अध्ययन से पता चलता है कि कुछ राज्यों ने केवल पुलिस हिरासत में होने वाली मौतें के बारे में रिपोर्टे भिजवाई हैं। आयोग का यह उद्देश्य है कि वह पुलिस हिरासत में होने वाली मौतें के साथ-साथ न्यायालयी हिरासत में होने वाली मौतों के बारे में भी सूचना एकत्र करें। अतः मै यह अनुरोध करता हूँ कि सभी सम्बंधित अधिकारियों को ये निर्देश भिजवा दिए जाय कि आयोग को न्यायालयी मौतें की सूचना के बारे में भी, मेरे पत्र दिनांक 14 दिसम्बर 1993 में निधारित समय सीमा के अन्दर ही, भेजने का प्रबन्ध करें।

आपका विश्वासी

हस्त०

(आर0वी0 पिल्लई)

---

3. हिरासत में होने वाली मौतों की बनाई जाने वाली वीडियों-फिल्मों के बारे में राज्यों के मुख्यमंत्रियों के नाम पत्र।

राष्ट्रीय मानव अधिकार आयोग

न्यायमूर्ति रंगनाथ मिश्र 10 अगस्त, 1995

अध्यक्ष

मेरे प्रिय मुख्यमन्त्रीजी,

राष्ट्रीय मानव अधिकार आयोग के गठन के तुरन्त बाद अक्टूबर 1993 में, पूरे देश की कानून और व्यवस्था से सम्बंधित एजेन्सियों को, हिरासत में होने वाली मौतों और बलात्कारों के बारे में, ऐसी वारदातों के घटने के 24 घन्टों के भीतर, सूचित करने को कहा गया था। तब से आयोग के पास उन वारदातों से सम्बंधित मामूली रिपोर्टे जिला स्तर के कर्मियों से प्राप्त हो रही हैं। आयोग पुलिस हिरासत और कारागार में होने वाली मौतों की वारदातों की बढोतरी से अत्यन्त विक्षुब्ध हुआ है। आयोग द्वारा की गई हिरासत में हुई मौतों सम्बन्धी रिपोर्टों की छानबीन से पता

लगा है कि बहुत ऐसे मामलों में कराई गई पोस्टमार्टम ठीक ढंग से नहीं हुआ है। साधारण्तथा ये रिपोर्टें अप्रासंगिक रूप से तैयार की जाती हैं जो मौत के बारे में अभिमत बनाने में बिलकुल सहायक नहीं होतीं। आयोग की यह धारणा बन गई है कि सच्च को दबाने के लिए सुव्यवस्थित ढंग से यत्न किए जा रहे हैं और रिपोर्ट केवल पुलिस का बयान मात्र होती है।

पोस्टमार्टम की रिपोर्ट ऐसे मामले में एक अत्यन्त महत्वपूर्ण दस्तावेज इरादे को निर्दिष्ट करता है और मौत सम्बन्धी निष्कर्ष निकालने के लिये इस दस्तावेज की काफी महत्वपूर्ण भूमिका होती है।

आयोग का प्रत्यक्षतः यह मत है कि स्थानीय डाकटर पुलिस के दबाव के आगे दब जाता है और तथ्यों को तोड़मरोड़ कर पेश करता है। आयोग चाहेगा कि पुलिस की हिरासत और जेल में हुई मौतों की पोस्टमार्टम के समय वीडियों फिल्में बनाई जांए और उन कैसटों को पोस्टमार्टम रिपोर्ट के साथ आयोग को भिजवा ही जांय। आयोग इस तथ्य के प्रति सजग है कि वीडियों फिल्म बनाने में अतिरिक्त खर्च होता है परन्तु मनुष्य की जिन्दगी से बढ़कर वीडियो फिल्म की कीमत नहीं और फिर ऐसे मौके भी बहुत सीमित होते हैं।

हमें खुशी होगी यदि आप अपने राज्य के उच्च कर्मियों को सुग्राही करेगें ताकि वे प्रथम आकतूबर 1995 से पोस्टमार्टम की वीडियो फिल्म बनाना चालू करे।

हमें आप के उत्तर की तीन सम्ताह तक प्रतीक्षा रहेगी

आप का उतरांकाक्षी,

हस्त०

(रंगनाथ मिश्र)

सेवा में,

सभी राज्यों के मुख्य मन्त्री,
पाण्डीचेरी और राष्ट्रीय राजधानी दिल्ली,
राष्ट्रपति शासित राज्यों के राज्यपाल

---

4. सभी राज्यों के मुख्यमन्त्री/संघीय राज्यों/प्रदेशों के प्रशासक को, पुलिस मुठमेड़ के दौरान हुई मौतों के बारे में अपनाई जाने वाली परिपर्तत प्रक्रिया पर पत्र ।

राष्ट्रीय मानव अधिकार आयोग

डा० न्यायमूर्ति ए०एस० आनंद, 2 दिसम्बर, 2003

अध्यक्ष

(भारत के पूर्व मुख्यन्यायाधीश)

प्रिय,

पुलिस की कार्यवाही के दौरान हुई मौतें सदा सभ्य समाज के लिए चिंता का विषय रही हैं। जिस की आलोचना सभी-मीडिया, आम जनता और गैर सरकारी संगठनों द्वारा की जाती है।

पुलिस को किसी मनुष्य की जिन्दी लेने का कोई अधिकार नहीं है। यदि इस कार्यवाही के दौरान पुलिस किसी व्यक्ति को मार देती है तो इस अपराध को निन्दनीय हत्या की संज्ञा दी जायगी जिसे इरादतन खून नहीं कहा जा सकता जबतक कि यह साबित न हो जाय कि इस तरह की हत्या कानून की नज़र में अपराध है। भारतीय अपराधिक कानून की व्यवस्था के अन्तर्गत इसे अपराध नहीं माना जाएगा जबतक यह हत्या स्वयं सुरक्षा की प्रक्रिया के अन्तर्गत न ही गई हो। एक अन्य प्रावधान जिस के अन्तगर्त पुलिस अधिकारी किसी व्यक्ति ही हत्या को सही ठहरा सकता है तो वह है भारतीय दण्ड सहिंता की धारा 46 । यह प्रावधान पुलिस को अधिकार प्रदान करता है कि वह तर्क संगत बल प्रयोग का सकती है फिर चाहे उसे इस कार्य करने में हत्या क्यों न करनी पड़े क्योंकि उसे ऐसे अपराधी को पकडना है जिसे मौत ही सज़ा अथवा उमर कैद हो सकती है। अत: यह स्पष्ट है कि मुठमेड़ में की गई हत्या, यदि सिद्ध नहीं होती तो, निन्दनीय नरहत्या वाला अपराध माना जायगा।

शिकायत संख्या 234 (1 से 6)/93-94 पर विचार करते हुए आयोग को लगा कि मुठभेड़ में हुई मोतों में मानवाधिकार का एक संवेदनशील मामला बनता है। अतः आयोग ने यह निश्यय किया कि मुठभेड़ में हुई मौतों के मामले में राज्यों को इस विषायक अपनाई जाने वाली प्रक्रिया की सिफारिश की जाय। तदनुसार माननीय व्यायमूर्ति श्री एम०एन०वेंकटचलैया, जो उस समय राष्ट्रीय मानव आयोग के अध्यक्ष पद पर आसीन थे, ने अपने पत्र दिनांक 29-3-1997 द्वारा मुठभेड़ के दौरान होने वाली मौतों के विषय में अपनाए जाने वाली प्रक्रिया की सिफारिश की थी। (शीध्र सन्दर्भ जामने हेतु प्रति संलग्न है)।

मुठभेड़ में हुई मौतों के मामलों में पिछले छह वर्षों का अनुभव, आयोग के लिए कोई उत्साहित करने वाला नही रहा। आयोग ने पाया कि अधिकांश राज्य आयोग द्वारा जारी दिशानिर्देशों का सही ढंग से पालन नहीं करते। आयोग का मत है कि सरकारी अधिकारयों के कार्य में पारदर्शिता और जवाबदेही लाने के लिए मौजूदा दिशा-निर्देशों में संशोधन की आवश्यकता है।

यद्यपि मौजूदा दिशा निर्देशों के तहत यह बात अन्तर्निहित है कि राज्यों को पुलिस मुठभेड़ में हुई मौतों के सभी मामलों के बारे में आयोग को सूचित करना चाहिए तथपि कुछ राज्य, इस दिशा में स्पष्ट निर्देशों की दुहाई दे कर सूचना नहीं भेजते। जिस का परिणाम यह है कि आयोग के पास पुलिस कार्यवाही से हुई मौतों के बारे में कुछ राज्यों के प्रामाणिक आंकड़े निर्बाध उपलब्ध नहीं है। आयोग का यह मत है कि कर्तव्यों के सही पालन की दिशा में, मानवाधिकारों की रक्षा हेतु ये आंकड़े अत्यन्त आवश्यक हैं।

सभी पहलूओं पर विचार करने के पश्चात आयोग सभी राज्य सरकारों से यह सिफारिश करता हे कि पुलिस कार्यवाही में मौतों के सभी मामलों में अधोलिखित परिवर्तित प्रक्रिया का पालन किया जायः-

(क) पुलिस थाने के पुलिस प्रभारी को जब पुलिस और अन्य के बीच मुठमेड़ में हुई मौत के बारे में सूचना मिलती है तो उसे चाहिए कि उस सूचना को उपयुक्त रजिस्टर में दर्ज करे।

(ख) जहां उसी पुलिस थाने के अधिकारियों द्वारा हुई मुठभेड़ में मौतों की घटनाऐं घटी हो, ऐसी हालत में, ऐसे मामलों की जांच किसी अन्य स्वतंत्र जांच एजेन्सी को सौंप दी जाय जैसे कि राज्य की सी०बी०सी०आई०डी०।

(ग) जब कभी भी पुलिस के खिलाफ कोई विशिष्ठ शिकायत की हो और कहा गया हो कि उन्होंने अपराध किया है जिस से उन पर निन्दनीय नरहत्या का प्रज्ञेय मामला बनता है। ऐसे मामले में भारतीय दण्ड संहिता की उचित धाराओं के तहत एक प्राथमिकी अवश्य दर्ज होनी चाहिए और इस मामले की जांच राज्य की सी०बी०सी०आई०डी० से निरपवाद कराई जानी चाहिए।

(घ) पुलिस की कार्यवाही के दौरान हुई मौतों के मामलों की जांच पड़ताल एक मेजिस्ट्रेट द्वारा निरपवाद करवानी चाहिए। ऐसी जांच में, मरने वाले के नजदीकी रिश्तेदार को निरपवाद रूप से, शामिल कर लेना आवश्यक है।

(ड.) मेजिस्ट्रेट की जांच/पुलिस जांच में अपराधी पाए गये दोषी अधिकारियों के विरूद्ध मुकदमा चलाने और अनुशासनिक कार्यवाही अवश्य अविलम्ब शुरू कर देनी चाहिए।

(च) मृतक के अश्रितों को मुआवजा देने का प्रश्न प्रत्येक मामले में तत्सम्बर्धा तथ्यों और परिस्थितियों पर निर्भर करेगा।

(छ) सम्बंधित अधिकारियों को घटना के तुरन्त बाद, बिना बारी के तरक्की और तत्काल वीरता पुरस्कार से सम्मनित न किया जाय। किसी कीमत पर भी ऐसे पुरस्कारों को देने/अनुशंसा करने की कार्यवाही न ही जाये जबतक कि सम्बंधित अधिकारी की वीरता किसी किसम के सन्देह से मुक्त न हो जाय।

(ज) पुलिस कार्यवाही के दौरान राज्य में हुई मौतों की अर्धवार्षिक रिपोर्ट पुलिस अधीक्षक द्वारा आयोग को ऐसे प्रेषित करनी चाहिए ताकि वह क्रमशः प्रत्येक 15 जनवरी और जुलाई को कार्यालय में पहुँच जाएं। पोस्टमार्टम रिपोर्टों और तहकीकात रिपोर्टों सहित, जहाँ भी प्राप्य हों, और जांच रिपोर्टों के साथ, तत्सम्बंधी विवरणों को अधोलिखित आकार में भेजा जायः-

1. घटना घटने की तारीख और स्थानः
2. पुलिस थाना, जिला
3. मौतों की परिस्थितियांः
   (अ) स्वयं रक्षा में मुठभेड़
   (ब) गैर कानूनी भीड़ को तितर-बितर करने की कार्यवाही
   (स) गिरफतारी करने के दौरान
4. घटना सम्बन्धी संक्षिप्त तथ्यः
5. अपराधिक केस संख्याः
6. जांच एजेन्सीः
7. मेजिस्ट्रेट द्वारा जांच/वारिष्ट अधिकारी द्वारा की गई जांच के परिणामः
   (क) मौत के जिम्मेदार पुलिस कर्मी के नाम और पदनाम का ब्योरा; और
   (ख) क्या बल प्रयोग न्यायसगंत था और की गई कार्यवाही कानून सम्मत थीः

अतः यह अनुरोध किया जाता है कि राज्य के सम्बन्धित अधिकरियों को उचित निर्देश जारी किए जांए कि वे इन दिशानिर्देश का पूर्णरुपेण पालन करें।

आदर सहित

आप का उतरांकाषी,

हस्त०

(ए०एस०आनंद)

सेवा में

राज्य मुख्य मन्त्री/संघीय प्रदेशों के प्रशासक

---

5. सभी राज्यों/और संघीय प्रदेशों के मुख्य सचिवों/प्रशासकों को राष्ट्रीय मानव अधिकार आयोग के सदस्यों द्वारा हवालतों के दौरे सम्बन्धी पत्र ।

राष्ट्रीय मानव अधिकार आयोग

आर०वी० पिल्लई,
महासिचव

आर्ध-सरकारी पत्र संख्या
15(13)/97-कोरड

1 अगस्त, 1997

प्रिय,

राष्ट्रीय मानव अधिकार आयोग द्वारा जारी निदेशानुसार आयोग के अधिकारी अपने वैधांनिक दायित्व का निर्वाह करते हुए विभिन्न राज्यों का विविध कार्यो के निष्पादन हेतु दौरा करते है।

2. विभिन्न राज्यों के पुलिस हवालातों की स्थिति पर प्राप्त रिपोर्टों के सन्दर्भ में, आयोग ने यह तय किया है कि राज्य सरकारों से

निवेदन किया जाय कि आयोग के अधिकारियों को, जब वे राज्य के दौरे पर आए, पुलिस हवालातों को भी देखने की इज़ाज़त प्रदान की जाय।

3. तदनुसार मैं आप से आग्रह करता हूँ कि इस दिशा में उचित निर्देश जारी किए जाय ताकि राष्ट्रीय मानव अधिकार आयोग के अधिकारी, जब भी वे राज्य के दौरे पर जाय, उन्हे पुलिस हवालातों का दौरा करने की भी, अनुमति प्रदान की जाय।

4. इस दिशा में जारी किए गये निर्देशों की पुष्टि के प्रति आभार व्यक्त किया जायेगा।

आदर सहित

आपका उत्तराकांक्षी,

हस्त०

(आर०वी० पिल्लई)

सेवा में,

सभी राज्यों/संघीय प्रदेशों के

मुख्य सचिव/प्रशासक

---

6. सभी राज्यों/संधीय प्रदेशों के मुख्य सचिवों/प्रशासकों को राष्ट्रीय मानव अधिकार आयोग द्वारा ''गिरफतारी'' पर जारी दिशानिर्देशों को अपनाने, अनुवाद करवा कर पुलिस थानों और पुलिस अधिकारियों को मुहय्या कराने सम्बन्धी पत्र

संख्या 7/11/99 पी०आर०पी०एण्ड पी

राष्ट्रीय मानव अधिकार आयोग

डी०आर०कार्तिकेयन 22 नवम्बर, 1999

महानिदेशक (जांच)

महोदय,

सभी पहलुओं पर विचार-विमर्श के बाद राष्ट्रीय मानव अधिकार आयोग ने "गिरफतारी" पर कुछ दिशानिर्देश अपनाए हैं।

आयोग द्वारा मंजूर किए गए इन दिशानिर्देशों को, टिप्पणी के साथ, संलगन कर प्रेषित किए जा रहे है। आयोग द्वारा सभी राज्यों को यह आग्रह किया जाता है कि इन दिशानिर्देशों को अपनी-अपनी क्षैत्रीय भाषा में अनुवाद करवा कर सभी पुलिस अधिकारियों और पुलिस थानों को मुहय्या कराए जांय।

पुलिस थानों का दौरा करने वाले वारिष्ट अधिकारी वर्ग को यह सुनिश्चित करना चाहिए कि ऐसे दिशानिर्देश पुलिस अधिकाारयों को और थानों में प्राप्य है और उन के पालन को भी सुनिश्चित करें।

आप का विश्वासी,

हस्ता०

(डी०आर० कार्तिकेयन)

प्रतिः-

1. सभी राज्यों/संघीय प्रदेशो के गृह सचिव
2. सभी राज्यों के पुलिस महानिदेशक

---

7. राज्यों/नगर पुलिस मुख्यालयों में मानवाधिकार सम्बन्धी स्थापित कक्षों के कार्यों और कर्तव्यों के बारे में परिपत्र

राष्ट्रीय मानव अधिकार आयोग

डी०आर० कार्तिकेयन 2 अगस्त, 1999

महानिदेशक (जांच)

विषयः राज्यों/नगर पुलिस मुख्यालयों में मानवाधिकार सम्बन्धी स्थापित कक्षों के कार्यों और कर्तव्यों के बारे में परिपत्र ।

सभी पुलिस महानिदेशकों, पुलिस कमीशनरों, और पुलिस उपमहा निदेशकों/पुलिस महानिर्देशकों (मानवाधिकार) को लिखे पत्र दिनांक 1 जून 1999 द्वारा राज्य के पुलिस मुख्यालयों में स्थापित, कक्षों द्वारा किए जाने वाले कार्यों और कर्तव्यों के बारे सुझाव आंमात्रित किए गए थे। उन से प्राप्त उत्तर और अधिकारियों से विचार-विमर्श के पश्चात्, विभिन्न पुलिस मुख्यालयों में स्थापित मानवाधिकार कक्षों के सफल कार्य करने के लिए अधोलिखित दिशानिर्देश प्रचारित किए जाते है:-

1. मानव अधिकार कक्षा, राष्ट्रीय मानव अधिकार आयोग और राज्य पुलिस एजेंसियों के मध्य, मुख्य कड़ी का कार्य करेगा।
2. आयोग द्वारा राज्य मानव अधिकार कक्ष को भेजे गये सभी मामले/शिकायतें, जहाँ विशेष से निर्दिष्ट किया गया हो, को, उचित स्तर के अधिकारी से जांच कराई जायगी। अतः आयोग द्वारा की गई सिफारिशों का पालन करते हुए दोषी अधिकारियों के विरूद्ध उचित कार्यवाही करनी चाहिए और उन के बारे में, जहां उचित समझे, प्रतिकार के उपाय भी सुझाने होंगे। फिर भी, मानव अधिकार कक्ष जिन मामलों में महसूस करता है कि उन में, बाह्य कारणों से निष्पक्ष जांच नहीं कराई जा सकती; ऐसे मामलों में राज्य के सी०आई०डी० या फिर सी०बी० आई से जांच कराने की सिफारिश की जा सकती है।
3. मानव अधिकारों के हनन के तथाकथित मामलों जिन का पता समाचारों, प्रकाशनों/दूसरे-कार्य कर्ताओं, सहित अन्य माध्यमों से प्राप्त शिकायतों, पर पैनी नज़र रखी जाय।
4. पुलिस की नृशंसता/उत्पीड़न/सत्ता के दुरूपयोग सम्बन्धी जांच के मामले, जिन्हे आयोग जिला के पुलिसाधीक्षकों को, तथ्य का

पता लगाने और उन की प्रमाणीकरण कराने के लिए, भेजता है, उन की कक्ष द्वारा अनुश्रवण होनी चाहिए। ऐसे सभी प्रंसगों की एक कापी कक्षों को प्रेषित की जायगी ताकि वे समय रहते पुलिसाधीक्षकों से उत्तर अनुश्रवण कर सकें। वे उन कार्यों का अनुवर्तन सुनिश्चित करेंगें जहां आयोग ने विशेष रूप से उनके अनुवर्तन के लिए आग्रह किया हो।

5. मानव अधिकार कक्ष को चाहिए कि वह जिला के पुलिस अधीक्षक से सम्पर्क बनाए रखे ताकि मानव अधिकार सम्बन्धी याचिकाओं/शिकायतों पर नज़र रख सके तथा तत्सम्बन्धी निर्देश जारी कर सके जिस से पुलिस द्वारा मानव अधिकारों के हनन की वारदातों को कम अथवा रोका जा सके।

6. उन्हें पुलिस थानों की अचानक जांच करनी चाहिए ताकि पता चल सके कि वहाँ किसी को गैर-कानूनी ढंग से बन्दी तो नहीं बना रखा अथवा सत्ता का दुरूपयोग तो नहीं हो रहा।

7. उन को वे सभी उपाय करने चाहिए जिस से उल्लंघन की सभी वारदातें रोकी जा सके और नागरिकों के मानवधिकारों की मर्यादा कायम रह सके जिन का वास्ता पुलिस कर्मियों से पड़ता है।

8. उन्हें यह सुनिश्चित करना चाहिए कि, राज्य के पुलिस धानों में, उच्चतम न्यायालय द्वारा डी०के० बासु बनाम पश्चिमी बंगाल राज्य के मामले की समादेश याचिका के सिलसले में दी गई व्यवस्था के अन्तर्गत सुझाए गए दिशानिर्देशों को प्रदर्शित किया जाय। ये प्रावधान उन से उलग हैं जिन्हें न्यायालयों द्वारा समय-समय पर, गिरफतार व्यक्ति के अधिकार और प्रतिष्ठा की रक्षा करने हेतु तथा पुलिस के कर्तव्यों सम्बन्धी, दिशा-निर्देश जारी किए। यह बात विशेष ध्यान देने योग्य है कि महिलाओं, बच्चों और समाज के आक्रमणीय वर्गों को पुलिस द्वारा, अपरिहार्य कारणों से थाने में बुलवा कर, परेशान न किया जाय।

9. इन कक्षों को चाहिए कि वे राज्य की पुलिस अकदिमियों और प्रशिक्षण केन्द्रों से समन्वह स्थापित कर यह सुनिश्चित करें कि नौकरी के दौरान सभी वर्गो के प्रशिक्षण पाने वालों के लिए निर्धारित प्रशिक्षण पाठयक्रम में, मानवाधिकार से जुड़े विधि संग्रहों के काफी तत्व, शामिल किए जा सकें। ऐसे प्रमाप का उद्‌देश्य उन्हे निम्नलिखित मुद्दों पर शिक्षित और संवेदनशील बनाना है:-

(क) नागीरकों को उनके अधिकारों के प्रति मिलने वाली संवैधानिक सुविधाएं;

(ख) गिरफतारी, पुछताछ, तलाशी, कुर्की आदि के सिलसले में मूलभूत कानून में प्रदत मुख्य सुविधाओं, जिन से पता चले कि कौन से कानूनों का पालन करना "अथवा" पालन नहीं करना" है;

(ग) उच्चतम व्यायालय द्वारा मानव अधिकारों पर दी गयी ऐतिहासिक निर्णय; और

(घ) मानव अधिकारों सम्बन्धी दिशानिर्देशों अपने कर्तव्यों और दायित्वों का पालन करते हुए, कानूनों पर ध्यान न देना और उन का अमल न करना, जैसी दिक्कतें।

10. सभी प्रशिक्षण संस्थानों में उचित अवधि वाले परस्पर वार्तालापों और संक्षिप्त पाठयक्रमों का आयोजन करना चाहिए जिन में विशिष्ट व्यक्तियों, अधिवकताओं और गैर सरकारी संस्थाओं के प्रतिनिधियों को बुलाया जाय।

11. पुलिस मुख्यालयों द्वारा समय-समय पर मानवाधिकार सम्बन्धी आदेश पत्र जिन्हे विभागीय परिपत्र और निर्देशों के रूप में जारी किया जाता है, को एकत्र किया जाया और उन्हे पुनरावर्तन के लिए फिर से जारी किए जाएं।

12. राज्य में सामाजिक मानवाधिकार हनन के विशिष्ट क्षैत्रों को तलाशाया जाय और सम्बंधित विभागों से समन्वय स्थापित कर उन कृत्यों को रोकने और प्रभावित व्यक्तियों के पुनर्वास की योजना तैयार करनी चाहिए । (उदाहरार्थ बच्चों के अधिकारों सम्बन्धी जैसे बच्चों का यौन शोशण, बाल श्रम, लिंग न्याय, बाल न्याय; जेलों मे बन्द गैर इनादतन मानसिक रूप से विक्षिप्त, पिछड़े और अनुसूचित जातियों/जनजातियों के व्यक्तियों के प्रति भेदभाव आदि)।

13. राज्य के मानवाधिकार आयोग (जहाँ भी स्थपित हो चुके हों) के सहयोग से विभिन्न नगरों में मानवाधिकार विषय पर एक दिवसीम संगोष्ठी/कर्यशाला का आयोजन किया जाय जहाँ स्थानीय विश्वविद्यालयों अथवा महाविद्यालयों, लोक हितेतों संगठनों, जैसी रोटरी/लायंस कलबों, के भाग लेने की व्यवस्थां हों ।

14. पुलिस ही हिरासत में हुई मौतों, बलात्कारों और यातनाओं/गैर कानूनी कारावास आदि के मासलों में किए गए उपचारी कार्य/विभागीय अनुवर्ती कार्यवाही आदि के निरीक्षण सम्बन्धी कार्यों का स्वयं अनुश्रवण करें।

15. मानविधकार सम्बन्धी साक्षरता और जागरूकता को, प्रकाशनों और मीडिया के माध्यमों से सक्रिय ढंग से, प्रोत्साहित किया जाय।

16. ''मानवाधिकार सम्बन्धी कानूनों का प्रवर्तन'' नामक त्रिमासिक सूचना पत्र के प्रकाशन का प्रबंध करना ताकि इन का पुलिस अधिकारियों के बीच वितरण हो सके।

हस्ता०

(डी०आर०कार्तिकेयन)

महानिदेशक (जांच)

8. सभी राज्यों के महासचिवों/पुलिस महानिदेशकों को पुलिस और जनता में सम्पर्क और विश्वास बढ़ाने के बारे में सुझावी पत्र.

राष्ट्रीय मानव अधिकार आयोग

डी०आर० कार्तिकेयन, 22 दिसंबर, 1999

महानिदेशक (जांच)

प्रिय,

राष्ट्रीय मानव अधिकार आयोग को प्राप्त हुई शिकायतों में से अधिकांश सुरक्षा वलो से सम्बंधित होती हैं। उन में से भी अधिकतर का सम्बन्ध, पुलिस द्वारा की जाने बाली जांच पड़ताल के दौरान होने वाली लापरवाही से है। इन में से अधिकांश का सम्बन्ध, शिकायतों का दर्ज न होना, जांच पड़ताल में देरी लगना, जांच पड़ताल का ईमानदारी, वस्तुनिष्ठ और निष्पक्ष न होना और पुलिस अधिकारियों का पहँच से बाहिर होना आदि है।

ऐसा कहना अनुचित न होगा कि पुलिस को प्रभावी और सफल बनने के लिए अपने आसपास के रहने वाले लोगों की निष्ठा, विश्वास और आदर को प्राप्त करना होगा। आयोग सभी राज्यों को अधोलिखित सुझावों को पालन की सलाह देता है जिन को केरल राज्य में अमल में लाया जा रहा है ताकि पुलिस और जनता में परस्पर सम्बन्ध और विश्वास मज़बूत हों जिस से कानूनी अपराधों को रोका जा सके तथा होने वाले अपराधों का पता लगा लिया जाय।

ऐसी आशंकाओं और मुश्किलों से छुटकारा पाने के लिए निम्नलिखित प्रावधानों को अपनाना चाहिए:-

1. पुलिस को आपराधिक सूचना/गुप्त समाचार पहुँचाने के लिए जनता को शुल्क बगैर वाला टेलीफोन नम्बर मुहय्या कराना चाहिए।

(क) पूरे करेल राज्य के लिए एक बगैर शुल्क वाला टेलीफोन नम्बर 1090 मुहय्या कराया गया है। एकरूपता की खातिर यही 1090 नम्बर पूरे देश के राज्यों को भी मुहय्या कर देना चाहिए।

(ख) आम जनता का कोई सदस्य इस नम्बर, 1090, का इस्तेमाल करके पुलिस कंट्रोल रूम/पुलिस थाना/अनुमण्डीय कार्यालय को सूचित कर सकता है। यह टेलीफोन नम्बर बिना भाड़े का होगा और एस०टी०डी० पर भी शुल्क नहीं लगेगा चाहे राज्य के अन्दर के दूर दराज़ इलाके से फोन किया जाय।

(ग) फोन नं 1090 पर सूचना देने वाले को, अपना नाम और पता बताने के लिए मजबूर नहीं किया जायगा। यदि सूचना देने वाला चाहे तो उस को एक कोड नम्बर प्रदान किया जा सकता है जिसे वह भविष्य में 1090 फोन नम्बर पर, फोन कर के जान सकता है कि उस द्वारा दी गई सूचना के आधार पर की गई जाँच का परिणाम क्या निकला है।

(घ) उपर्युक्त मामलों में, जहां दी गई सूचना के आधार पर गम्भीर मामले पकड़े जाते है, सूचना देने वाले/टेलीफोन करने वाले को पुरस्कृत किया जाय अथवा उसकी जनसेवा की भावना को उचित मंच पर, प्रशति पत्र प्रदान कर सराहा जा सकता है।

2. जांच कर्ता एजेंसियों द्वारा शिकायतकर्ता/पीड़ित को जांच सम्बन्धी प्रगति के बारे में सूचित करने की आवश्यकता है:

(क) अवेक्षणीय अपराध को दर्शाने वाली शिकायत प्राप्त होने के तुरन्त बाद एक प्राथमिकी जारी की जाती चाहिए। शिकायतकर्ता को प्रायमिकी की एक प्रति प्रदान की जानी चाहिए और इस तथ्य सम्बन्धी एक प्रविष्टी प्रथम केस डायरी में दर्ज की जानी चाहिए।

(ख) यदि शिकायत से किसी अवेक्षणीय अपराध न होने का भास होता है जो प्राथमिकी दर्ज करने योग्य नहीं बनता तो शिकायतकर्ता को इस बाबत सूचित कर देना चाहिए।

(ग) यदि किसी मामले की, दर्ज होने के तीन महीनों के भीतर, जांच नहीं हो पाई है तो शिकायतकर्ता को लिखित रूप में, जांच पूरी न हो पाने सम्बन्धी तथ्यों का ब्योरा देते हुए, सचित करना चाहिए। ऐसे मामलों में कई कारण हो सकते है जैसे अरोपी का न पकड़ पाना, गवाओं के बयानो की जांच न कर पाना, विशेषज्ञ से रिपोर्ट न मिल पाना, गिरफतार करने की मंजूरी न मिलना, कानूनी अड़चने और इस तरह के अन्य कारण।

(घ) शिकायतकर्ता को भेजे जाने वाले सूचना की प्रमाण के की रूप में पोस्ट आफिस से प्राप्त पावती को अथवा लिखित पावती को केस मिसल में रखें और इस विषायक एक प्रविष्टी केस डायरी मिसल में भी दर्ज करें।

(ड.) यदि किसी मामले की उस के दर्ज होने के छः महीनों के भीतर जांच पूरी नहीं हो पाई है तो शिकायतकर्ता को एक बार फिर से उसी प्रकार की, तथ्यों का ब्योरा देते हुए, सूचित करना चाहिए। उससे प्राप्त पावती को "केस मिसल" में रख देनी चाहिए।

(च) यदि मामले की जांच एक वर्ष के भीतर भी न पूरी हो सके तो जांत्र अधिकारी को एक विस्तृत सूचना तैयार करनी चाहिए। उस पर देरी के कारणों का स्पष्टीकरण देते हुए अपने से उच्च राजपत्रित अधिकारी का अनुमोदन प्राप्त करना चाहिए। उच्च अधिकारी को भी स्वयं, उस की प्रमाणिकता की जांच करके ही संतुष्टी और सत्यापण करना चाहिए।

(छ) जांच पूरी हो जाने पर, जब न्यायालय में आरोपपत्र दाखिल किया जाय तो शिकायत कर्ता को भी आरोप पत्र की प्रति सहित वैसी ही प्रति भिजवा देनी चाहिए। इस तय्य का "केस डायरी" में भी ज़िक्र होना चाहिए।

(ज) अगर किसी कारणवश शिकायत कर्ता अपलब्ध नहीं है तो ऐसे नोटिस को उसके किसी परिवार के सदस्य को सौंपा जा सकता है।

12. थाना प्रभारी की जनता के साथ बैठक

थाना प्रभारियों को ये निदेश दिए जांए कि वे अपने क्षेत्र में पड़ने वाले शहरों/गांवों में एक महीने में दो बार बैठके करें। इस से जनता को पुलिस अधिकारियों से मिलने का अवसर प्राप्त होगा और वे अपनी शिकायत, यदि हो तो, उन तक पहुँचा सकेंगे। पुलिस को भी जनता को विभिन्न मुद्दों पर सुग्रहीकृत करने और अपराध रोकने और कानून-व्यवस्था बनाए रखने के लिए मदद मांगने का अवसर मिलेगा। थाना प्रभारी के लिए यह जरूरी होगा कि वह अपने इलाके में पड़ने वाले शहर/गांव के लोगों से अपने कर्मियों के साथ उनको प्रेस और पंचायत की मारफत पूर्व सूचना देकर, मुलाकात करे। ऐसी बैठेकों में जहां भी सम्भव हो, वारिष्ट अधिकारियों को भी शामिल किया सकता है।

केरल का अनुभव यह है कि बिना शुल्क वाले टेलीफोन पर प्राप्त सूचनाएँ प्रामाणिक होती हैं जिन की बदोलत बहुत सारे लम्बित पड़े मामलों का पता चलता है और अपराधों की भी रोकथाम सम्भव हो पाती है।

आदरसहित

आप का अत्तराकांक्षी,

हस्ता०

(डी०आर०कातिकियन)

सेवा में,

सभी राज्यों/संघीय प्रदेशों के महासचिव,
पुलिस महानिदेशक और दिल्ली, चेन्नई
मुंबई, बंगलोर, कलकता,
हेदराबाद और अहमदाबाद के पुलिस कमिश्नर

---

9. सभी राज्यों के मुख्य मन्त्रियों/प्रशासकों को जिला स्तर पर मानवाधिकार हनन की शिकायतों के बारे में प्राधिकरण बनाने के बारे में हिदायतें

संख्या 4/10/99 तथा पी०आर०आर० तथा पी

राष्ट्रीय मानव अधिकार आयोग

डा० न्यायमूर्ति के० रामास्वामी 24 दिसम्बर, 1999

सदस्य

प्रिय,

राष्ट्रीय मानव अधिकार आयोग को सिविलियन अधिकारी और पुलिस कर्मियों के विरूद्ध, अधिकारों और शक्ति के दुरूपयोग जिस से मासूम लोगों के मानव अधिकारों का हनन होता है, असंख्य शिकायतें मिल रही है। मीडिया द्वारा इन शिकायतों में पुलिस कर्मियों द्वारा किये गये अत्याचारों की खुलकर चर्चा की गई है। अतः आयोग ने इस दिशा में गम्भीर विचार-विमर्श के बाद प्रत्येक सम्बंधित जिले में एक जिला शिकायत प्रधिकरण का गठन करने का सुझाव दिया है जिसमें सम्बंधित जिले का मुख्य जिला न्यायाधीश, जिले के नागरिक प्रशासन का प्रभारी जिलाधीश/डिप्टी कमिश्नर, प्रवर पुलिस अधीक्षक, जिले के पुलिस प्रशासन का प्रभारी पुलिस अधीक्षक बतौरे सदस्य कार्य करेंगे और पुलिस अधीक्षक/अपर पुलिस अधीक्षक पदेन सदस्य सचिव का कार्य संभलेगे। सभी शिकायते इन सदस्य सचिवों को सम्बोधित की जांयगी और उचित अनुशंसा के साथ, यदि कोई हो तो, राज्य के मानव अधिकार आयोग यदि स्थापित किया गया हो तो, अथवा राष्ट्रीय मानव अधिकार आयोग को भेज दी जांयगी। केरल राज्य में इस तरह की जिला शिकायत प्रधिकरणा प्रत्येक जिले में जिला मानव अधिकार प्राधिकरणा के नाम से गठित की गई है जो प्रभावी ढंग से कार्यरत है। जिला शिकायत प्रधिकरण सरकारी कर्मियों में आचार-व्यवहार की जिम्मेदारी की भावना जाग्रित करेगा और जनता में कानूनी राज के प्रति विश्वास पैदा करेगा।

अत: मै यह निवेदन करता हूँ कि "जिला शिकायत प्रधिकरण" का गठन किया जाय और अपने राज्य के मुख्य सचिव और पुलिस महानिदेशक, को अपने जिले के जिला न्यायाधीश/डिप्टी कमिश्नर और प्रवर पुलिस अधीक्षक, पुलिस अधीक्षक को सदस्य के रूप में कार्य करने के लिए निर्देश जारी करें। इसी तरह पुलिस अधीक्षक/अवर पुलिस अधीक्षक को पदेन सदस्य सचिव के रूप में कार्य करने का निर्देश जारी करें। जिला न्यायाधीश को अध्यक्ष पद संभालने को कहा जाय। इस प्रधिकरण के गठन और कार्य करने सम्बन्धी नोटिस जारी किया जाय। ऐसी कार्यवाही को करने से जनता में कानूनी राज के प्रति विश्वास की भावना का सृजन होगा। इस दिशा में किये गये कार्य को कृपया सूचित किया जाय।

आदर सहित

आप का अत्तराकांक्षी

हस्ता०

(डा०न्यायामूर्ति के० रामास्वामी)

सेवा में,

सभी राज्यों/संघीय प्रदेशों के

मुख्य मन्त्री/प्रशासक

---

10. सभी राज्यों के मुख्य मन्त्रियों और प्रशासकों को मानव अधिकार संस्कृति सृजन सम्बन्धी पत्र।

राष्ट्रीय मानव अधिकार आयोग

न्यायामूर्ति जे० एस० वर्मा 1 जनवरी, 2000

अध्यक्ष

प्रिय,

आप को यह विदित होगा कि राष्ट्रीय मानव अधिकार आयोग की सिफारिशों से राज्य पुलिस द्वारा पुलिस मुख्यालय में मानव अधिकार

कक्ष की स्थापना की गई थी। इस कक्ष को स्थापित करने का मुख्य उद्देश्य, पुलिस संगठन के भीतर पुलिस कर्मियों के आचार-व्यवहार पर कुछ तौर-तरीके अपनाए जा सके और पुलिस बल द्वारा लोगों के मानव अधिकारों के हनन को रोका जा सके और लोगों के बीच दोस्ताना माहोल बनाया जा सके।

ऐसा देखा गया है कि पुलिस उपमहानिदेशक/पुलिस महानिरिक्षक को मानव अधिकार कक्ष के प्रमुख बनाने के बावजूद, पुलिस द्वारा मानव अधिकार हनन की असली शिकायतों में कोई सार्थक कमी नजर नहीं आती। इस बात में कोई विवाद नहीं कि अपार सत्ता और अधिकार प्राप्त कर्मियों की मनः स्थिति में परिवर्तन की आवश्यकता है ताकि वे स्वयं में लोागों के प्रति दोस्ती की भावना को जागृत कर मानव अधिकार संस्कृति का सृजन कर सके।

मुझे इस ओर ज़्यादा जोर देने की आवश्यकता नहीं है कि अन्तर्राष्ट्रीय समाज में मानवता का स्वीकृत आईना देश में मानव अधिकारों के प्रति अपार आदर की भावना से सम्बन्धित है। अतः मानव अधिकारों में प्रगति लाना, स्पष्टतया, अच्छे कदम कहलांएगें। जेलों में बन्द लोगों का असन्तोषजनक और अमानुषिक ढंग से जीवन बिताना, मानव अधिकार का एक विकट हनन है जिस के सुधार के प्रति तुरन्त कार्यवाही की आवश्कता है।

हाल ही में आयोग द्वारा "पुलिस गिरफतारी पर दिशा-निर्देश" तैयार कर के, कढ़ाई से पालन करने की लिए ज़ारी किए है। इस कदम के उठाने से पुलिस की दैनिक कार्यवाही के अन्तर्गत आने वाले मानव अधिकार हनन के मामलों पर भी रोक लगेगी।

मेरी यह दिल्ली आशा है कि शासन के सभी तन्त्र उत्तम मानव अधिकार संस्कृति कि प्रति पुनः समर्पित होगें ताकि संवैधानिक प्रतिज्ञा द्वारा प्रदत वैयक्तिक प्रतिष्ठा को कायम रखा जा सके जिस से राष्ट्र की मानव संपदा के विकास में बढ़ोतरी संभव हो सके। मुझे इस में ज़रा भी

संदेह नहीं कि आप भी इस में बराबर की दिलचस्पी दिखाएंगे और इस दिशा में अपेक्षित कार्यवाही करेंगे।

आदर सहित

आप का उत्तराकांक्षी

हस्ता०

(जे०एस०वर्मा)

सेवा में,

सभी राज्यों/केन्द्रीय प्रदेशों के

मुख्यमन्त्री/प्रशासक

परिशिष्ट (घ)

कानून प्रवर्तन अधिकारियों के लिए संयुक्त राष्ट्र संघ की आचार संहिता

(संयुक्त राष्ट्र महासभा द्वारा दिनांक 17 दिसम्बर, 1979 को अंगीकृत)

अनुच्छेद-1

कानून प्रवर्तन अधिकारी, उन पर कानून द्वारा अधिरोपित ड्यूटी को, उनके पेशे के लिए अपेक्षित उत्तरदायित्व की उच्च भावना के अनुरूप समुदाय की सेवा करते हुए और गैर कानूनी कार्यों के विरुद्ध सभी व्यक्तियों की सुरक्षा करते हुए, सदैव पूरा करेंगे।

टिप्पणी

(क) "कानून प्रवर्तन अधिकारी" में कानून के सभी अधिकारी, चाहे वे नियुक्त किए गए हों या चुने गए हों, जो पुलिस की शक्तियों विशेषतः गिरफ्तारी या विरोध की शक्तियों का प्रयोग करते हैं, शामिल हैं।

(ख) उन देशों में जहाँ पुलिस की शक्तियाँ सैनिक प्राधिकारियों द्वारा प्रयोग की जाती हैं, चाहे वे वर्दीधारी हों या न हों, अथवा राज्य सुरक्षा बलों द्वारा प्रयोग की जाती है, कानून प्रवर्तन अधिकारियों की परिभाषा में ऐसी सेवा के अधिकारियों को भी गिना जाएगा।

(ग) समुदाय की सेवा विशेषतः समुदाय के उन सदस्यों को प्रदान की जाने वाली सहायता की सेवाएं शामिल हैं, जिन्हें वैयक्तिक, आर्थिक, सामाजिक अथवा अन्य आपातकालीन कारणों से तत्काल मदद की आवश्यकता होती है।

(घ) इस प्रावधान की परिधि के अंतर्गत न केवल हिंसा, चोरी, लूटमार, ठगी आदि समस्त हानिकारक कार्य शामिल हैं बल्कि इसका विस्तार दण्ड संविधि के अधीन समस्त प्रतिषेधों पर भी है। इसका विस्तार अपराध के संबंध में अपनी जिम्मेदारी को निभाने में अक्षम व्यक्तियों के आचरण पर भी है।

अनुच्छेद-2

कानून प्रवर्तन अधिकारी अपने कर्त्तव्यों का निष्पादन करने में मानवीय गरिमा का आदर करेंगे और उसकी रक्षा करेंगे तथा सभी व्यक्तियों के मानवाधिकारों को मानेंगे और उनकी मर्यादा बनाए रखेंगे।

टिप्पणी

(क) विचाराधीन मानवाधिकारों का अभिज्ञान और संरक्षण राष्ट्रीय तथा अन्तर्राष्ट्रीय कानून द्वारा किया जाता है। संगत अन्तर्राष्ट्रीय लिखतों में मानवाधिकारों की सार्वभौम घोषणा, सिविल तथा राजनैतिक अधिकारों के संबंध में अंतर्राष्ट्रीय प्रसंविदा, यंत्रणा तथा अन्य क्रूर अमानवीय अथवा तिरस्कारपूर्ण व्यवहार या ऐसे दंड का भागी होने से सभी व्यक्तियों की सुरक्षा की घोषणा, सभी प्रकार के जातीय भेदभावों के उन्मूलन के बारे में संयुक्त राष्ट्र की घोषणा, सभी प्रकार के जातीय भेदभावों के उन्मूलन के संबंध में अंतर्राष्ट्रीय कन्वेंशन, रंगभेद के अपराध के शमन तथा दंड के संबंध में अंतर्राष्ट्रीय कन्वेंशन, जाति संहार के अपराध को रोकने तथा दंड देने के संबंध में कन्वेंशन, कैदियों के साथ व्यवहार के लिए न्यूनतम मानक नियम तथा वाणिज्य-दूतीय संबंधों पर वियना कन्वेंशन शामिल हैं।

(ख) इस प्रावधान के लिए राष्ट्रीय टिप्पणियों के अंतर्गत इन अधिकारों के अभिज्ञान और संरक्षण के लिए क्षेत्रीय अथवा राष्ट्रीय प्रावधानों का उल्लेख होगा।

अनुच्छेद-3

कानून प्रवर्तन अधिकारी बल का प्रयोग केवल अत्यंत आवश्यक होने पर ही और वह भी उसी हद तक कर सकते हैं जहाँ तक उनकी ड्यूटी के निष्पादन के लिए अपेक्षित हो।

टिप्पणी

(क) यह प्रावधान इस पर ज़ोर देता है कि कानून प्रवर्तन अधिकारियों द्वारा बल प्रयोग अपवादस्वरूप होना चाहिए, जबकि इससे यह अंतर्निहित है कि अपराध को रोकने अथवा अपराधियों या संदेहात्मक अपराधियों की विधिसम्मत गिरफ्तारी करने या गिरफ्तारी में मदद देने के लिए तर्कसंगत आवश्यक परिस्थितियों के अंतर्गत ही कानून प्रवर्तन अधिकारियों को बल प्रयोग करने के लिए प्राधिकृत किया जाए। इस सीमा के परे बल प्रयोग न किया जाए।

(ख) राष्ट्रीय कानून समानुपातिक सिद्धांत के अनुरूप सामान्यतः कानून प्रवर्तन अधिकारियों द्वारा बल प्रयोग को प्रतिबंधित करता है। यह स्पष्ट किया जाता है कि इस प्रावधान के निर्वचन में समानुपातिकता के ऐसे राष्ट्रीय सिद्धान्तों का आदर किया जाए। किसी भी स्थिति में इस प्रावधान का निर्वचन ऐसे बल प्रयोग को प्राधिकृत करने के लिए नहीं होना चाहिए जो प्राप्त किए जाने वाले वैध उद्देश्य से असंगत हो।

(ग) आग्नेयास्त्रों का प्रयोग सबसे अंतिम उपाय माना जाता है। आग्नेयास्त्रों का प्रयोग विशेषकर बच्चों के विरुद्ध न करने का हरसंभव प्रयास किया जाए। सामान्यतः आग्नेयास्त्रों का प्रयोग नहीं करना चाहिए सिवाय उस स्थिति के जब संदेहास्पद अपराधी सशस्त्र प्रतिरोध करता हो अथवा जब वह दूसरों की

जीवन को खतरे में डालता हो, अथवा इससे कम कठोर उपाय उसे रोकने या गिरफ्तार करने के लिए पर्याप्त न हों। प्रत्येक मामले में जिसमें आग्नेयास्त्रों का प्रयोग किया जाता है, उसकी रिपोर्ट तत्काल सक्षम प्राधिकारियों को दी जाए।

अनुच्छेद-4

कानून प्रवर्तन अधिकारियों के अधीन गोपनीय प्रकृति के मामले गोपनीय रखे जाएंगे जब तक कि ड्यूटी के निष्पादन अथवा न्याय की जरूरतों से सर्वथा अन्यथा अपेक्षित न हो।

टिप्पणी

अपनी ड्यूटी की प्रकृति द्वारा कानून प्रवर्तन अधिकारी जो सूचना प्राप्त करते हैं, हो सकता है कि वह किसी के व्यक्तिगत जीवन के संबंध में हो अथवा अन्य लोगों के हितों विशेषकर प्रतिष्ठा के लिए हानिकर हो। इस प्रकार की सूचना की सुरक्षा करने और उसका प्रयोग करने में बड़ी सावधानी बरती जानी चाहिए और उसे केवल ड्यूटी के निष्पादनार्थ अथवा न्याय की जरूरतों को पूरी करने के लिए ही प्रकट करना चाहिए । अन्य उद्देश्यों के लिए किसी भी प्रकार से ऐसी सूचना का प्रकटन सर्वथा अनुचित है।

अनुच्छेद-5

कोई भी कानून प्रवर्तन अधिकारी यंत्रणा, अथवा अन्य क्रूर अमानवीय अथवा तिरस्कारपूर्ण व्यवहार अथवा दंड न तो दे सकता है, न उकसा सकता है या दिया जाना सहन कर सकता है और न ही कोई कानून प्रवर्तन अधिकारी उच्चतर आदेशों या विशेष परिस्थितियों-जैसे कि युद्ध की स्थिति या युद्ध के खतरे या राष्ट्रीय सुरक्षा को खतरे, आंतरिक राजनैतिक अस्थिरता या किसी अन्य सार्वजनिक संकट के नाम पर यंत्रणा या अन्य क्रूर, अमानवीय या तिरस्कारपूर्ण व्यवहार या दंड को जायज़ ठहराने की दुहाई दे सकता है।

टिप्पणी

(क) यह प्रतिषेध यंत्रणा और अन्य क्रूर, अमानवीय या तिरस्कारपूर्ण व्यवहार या ऐसे दंड के भागीदार होने से सभी व्यक्तियों की सुरक्षा के संबंध में की गई घोषणा से व्युत्पन्न हुआ है। इस घोषणा को महासभा द्वारा अंगीकृत किया गया है जिसके अनुसार:

"इस प्रकार का कार्य मानवीय गरिमा के प्रति अपराध है और इसे संयुक्त राष्ट्र चार्टर के उद्देश्यों की अस्वीकृति और मानवाधिकारों (तथा मानवाधिकार संबंधी अन्य अन्तर्राष्ट्रीय लिखतों) की सार्वभौम घोषणा में उद्घोषित मूल स्वतंत्रताओं का उल्लंघन माना जाएगा"

(ख) इस घोषणा में यंत्रणा को निम्नानुसार परिभाषित किया गया है : "...यंत्रणा का अभिप्राय किसी भी ऐसे कार्य से है जिससे किसी लोक अधिकारी द्वारा या उसके उकसावे पर किसी व्यक्ति को इरादतन तीव्र पीड़ा या वेदना पहुंचाई जाती है ओर जो उस व्यक्ति से उसके या अन्य व्यक्ति के अपराध-स्वीकरण की सूचना प्राप्त करने, उसे उसके द्वारा किए गए या किये जाने का संदेह वाले अपराध दंड देने अथवा उसे या अन्य व्यक्तियों को अभित्रस्त करने जैसे प्रयोजनों से किया जाता है। उसमें केवल विधिसम्मत अनुशास्तियों से उद्भूत, अन्तर्निहित या आनुषंगिक, पीड़ा या वेदना शामिल नहीं है, जहाँ तक कि वह कैदियों के साथ व्यवहार के न्यूनतम मानक नियमों के अनुरूप है।"

(ग) "क्रूर अमानवीय या तिरस्कारपूर्ण व्यवहार अथवा दंड" को महासभा ने परिभाषित नहीं किया है लेकिन इसका निर्वचन इस प्रकांर किंया जाए ताकि दुर्व्यव्यहारों चाहे शारीरिक हों अथवा मानसिक, के विरुद्ध अधिकतम संभव सुरक्षा प्रदान की जा सके।

अनुच्छेद–6

कानून प्रवर्तन अधिकारी अपनी अभिरक्षा में रखे गए व्यक्तियों के स्वास्थ्य की पूर्ण सुरक्षा सुनिश्चित करेंगे और विशेषतः जब भी आवश्यकता हो उन्हें चिकित्सा सुविधा सुलभ कराने के लिए तुरंत कार्रवाई करेंगे।

टिप्पणी

(क) "चिकित्सा सुविधा", जिसका अभिप्राय प्रमाणित चिकित्सक और पैरामेडिकल कर्मी सहित किसी भी चिकित्सक द्वारा प्रदत्त सेवाओं से है, को जब भी आवश्यक हो अथवा अनुरोध किया जाए, सुलभ कराया जाएगा।

(ख) जबकि बहुत संभव है, कानून प्रवर्तन कार्यों के साथ चिकित्सकों को भी सम्बद्ध किया जाता हो, अतः यदि ऐसे चिकित्सक यह संस्तुति करें कि अभिरक्षा में रखे गये किसी व्यक्ति का उचित इलाज कानून प्रवर्तन कार्य से बाहर के किसी अन्य चिकित्सक से अथवा उसके परामर्श से कराया जाना चाहिए तो कानून प्रवर्तन अधिकारियों को चिकित्सकों की ऐसी राय पर अवश्य विचार करना चाहिए।

(ग) इसमें यह अंतर्निहित है कि कानून प्रवर्तन अधिकारी कानून का उल्लंघन अथवा इसके दौरान होने वाली दुर्घटनाओं के शिकार व्यक्तियों के लिए भी चिकित्सा सुविधा सुलभ कराएंगे।

अनुच्छेद-7

कानून प्रवर्तन अधिकारी भ्रष्टाचार का कोई भी कार्य नहीं करेंगे। वे इस प्रकार के सभी कृत्यों का सख्ती से विरोध करेंगे और उनका मुकाबला भी करेंगे।

टिप्पणी

(क) भ्रष्टाचार का कोई भी कार्य, कानून प्रवर्तन अधिकारी के पेशे से उसी प्रकार असंगत है जिस प्रकार कि प्राधिकार के दुरुपयोग का कोई अन्य कार्य। ऐसे कानून प्रवर्तन अधिकारी जो भ्रष्टाचार

करता है, के संबंध में कानून को पूरी दृढ़ता के साथ लागू करना चाहिए क्योंकि यदि सरकारों अपने एजेंटों के विरुद्ध और अपनी एजेंसियों के भीतर ही कानून को लागू नहीं कर पाती हैं या नहीं करेंगी तो वे अपने नागरिकों के बीच कानून को लागू करने की भी आशा नहीं कर सकती हैं।

(ख) हालांकि भ्रष्टाचार की परिभाषा राष्ट्रीय कानून के अधीन होगी, फिर भी इसमें यह अन्तर्निहित होना चाहिए कि किसी व्यक्ति द्वारा अपनी ड्यूटी के निष्पादन या उसके संबंध में किए गए कार्य के कृताकृत, उसके संबंध में उपहार, वायदे या प्रोत्साहनों की मांग करने या उन्हें स्वीकार करने अथवा एक बार उस कार्य के कृताकृत के बाद उनकी अवैध प्राप्ति, भ्रष्टाचार की परिभाषा के घेरे में आ जाएं।

(ग) उपर्लिखित "भ्रष्टाचार के कार्य" में भ्रष्टाचार का प्रयास भी अन्तर्निहित माना जाए।

अनुच्छेद-8

कानून प्रर्वतन अधिकारी कानून और संहिता का सम्मान करेंगे। वे उसके किसी भी उल्लंघन को अपनी पूरी क्षमता से रोकेंगे और उसका दृढ़ता से मुकाबला करेंगे।

जिन कानून प्रवर्तन अधिकारियों के पास यह विश्वास करने का कारण है कि वर्तमान संहिता का उल्लंघन हो गया है या होने वाला है वे मामले की रिपोर्ट अपने वरिष्ठ प्राधिकारियों और जहाँ आवश्यक हो, ऐसे अन्य उचित प्राधिकारियों या संगठनों को करेंगे, जिनमें पुनर्विलोकन या उपचार की शक्ति निहित है।

टिप्पणी

(क) इस संहिता का पालन राष्ट्रीय विधान या प्रथा में समाविष्ट हो जाने पर किया जाएगा। यदि किसी राष्ट्रीय विधान या प्रथा में इस संहिता की अपेक्षा अधिक कड़े प्रावधान मौजूद हैं, तो उन कड़े प्रावधानों का ही पालन किया जाएगा।

(ख) यह अनुच्छेद एक तरफ, उस एजेंसी की जिस पर कि लोक सुरक्षा का ज्यादातर दारोमदार है, आंतरिक अनुशासन की आवश्यकता और दूसरी तरफ, बुनियादी मानवाधिकारों के उल्लंघन से निपटने की आवश्यकता के बीच संतुलन बनाए रखने की मांग करता है। कानून प्रवर्तन अधिकारी ऐसे उल्लंघनों की रिपोर्ट अपनी कमान के भीतर करेंगे और इस संबंध में कमान के बाहर कोई अन्य विधिसम्मत कार्रवाई केवल उसी स्थिति में करेंगे जब इसके अलावा और कोई उपचार उपलब्ध या कारगर न हो। कानून प्रवर्तन अधिकारियों द्वारा यह रिपोर्ट किए जाने की बिना पर कि इस संहिता का उल्लंघन हो गया है या होने वाला है, वे प्रशासनिक या अन्य प्रकार के किसी भी दंड के भागी नहीं होंगे।

(ग) "पुनर्विलोकन और उपचार की निहित शक्ति वाले उचित प्राधिकारी या संगठन" का अभिप्राय राष्ट्रीय कानून के अधीन विद्यमान किसी भी ऐसे प्राधिकारी या संगठन से है, चाहे वह कानून, प्रवर्तन एजेंसी के भीतर हो या उससे स्वतंत्र, जिसे इस संहिता के उल्लंघनों से उद्भूत शिकायतों और परिवादों का पुनर्विलोकन करने की सांविधिक, प्रथागत या अन्य शक्ति प्राप्त है।

(घ) कुछ देशों में, हो सकता है कि जन संचार माध्यम उपर्युक्त उप-पैरा (ग) में वर्णित कार्यों के समान ही शिकायतों के पुनर्विलोकन का कार्य करते हों। अतः कानून प्रवर्तन अधिकारी यदि उचित समझें तो वे अंतिम उपाय के तौर पर और अपने देश के कानून व प्रथाओं के अनुसार तथा वर्तमान संहिता के अनुच्छेद 4 के प्रावधानों के अनुसार ऐसे उल्लंघनों को जन संचार माध्यमों में, माध्यम के लोगों के ध्यान में ला सकते हैं।

(ङ) जो कानून प्रवर्तन अधिकारी इस संहिता के प्रावधानों का पालन करते हैं वे समुदाय और उस कानून प्रवर्तन एजेंसी जिसमें कि वे काम करते हैं, के आदर, पूर्ण समर्थन और सहयोग के अधिकारी हैं और ऐसे ही व्यक्ति कानून प्रवर्तन व्यवसाय के योग्य हैं।